让每个孩子成为自己的CEO

王俊峰 / 著

教育的本质是学会自我教育

中国商业出版社

图书在版编目（CIP）数据

让每个孩子成为自己的 CEO / 王俊峰著 . --- 北京 : 中国商业出版社 , 2020.11

ISBN 978-7-5208-1289-4

Ⅰ . ①让… Ⅱ . ①王… Ⅲ . ①青少年教育－自我教育 Ⅳ . ① G775

中国版本图书馆 CIP 数据核字 (2020) 第 188898 号

责任编辑：杨林蔚 佟 彤

中国商业出版社出版发行

（100053 北京广安门内报国寺 1 号）

010-63180647 www.c-cbook.com

新华书店经销

三河市国新印装有限公司印刷

*

880 毫米 ×1230 毫米 32 开 7.5 印张 185 千字

2020 年 11 月第 1 版 2020 年 11 月第 1 次印刷

定价：48.00 元

* * * *

（如有印装质量问题可更换）

导言

教育的本质是学会自我教育

教育的目的是“教学相长”，即教和学两方面互相影响和促进，都得到提高。也就是说，一方面，受教育者要学会自我教育；另一方面，施教者也必须学会自我教育。这正是教育的本质所在。事实上，教育的主要力量在于施教者的自我修行，归于内心的平静与气度，所以施教者学会自我教育应该是第一位的。就本书而言，父母要想让孩子主动成为自己的管理者，不断提高自身素养，父母必须先成为家庭教育的发起者、执行者和引导者。本书中我们借用首席执行官即CED的概念，全面、系统地分析儿童教育的意义、方式方法和目的。

“孟母三迁”的故事我们都知道，试想如果孟子母亲不能进行自我教育，那么孟子的发展可能就是另外的样子了，所以自我教育对于孩子的父母来说极为重要。孟子后来说“得天下英才而教育之”，这句话是“教育”一词的来源，但某种意义上也反映了他对母亲教育的感念。

父母自我教育的必要性，正如苏联杰出的教育家安东·谢苗诺维奇·马卡连柯所说的那样：“你们自身的行为在教育上具有决定意义。不要以为只有你们同儿童谈话，或教导儿童、吩咐儿童的时候，才是在教育儿童。在你们生活的每一瞬间，甚至当你们不在家的时候，都教育着儿童。你们怎样穿衣服，怎样跟别人谈话，怎样谈论其他的人，你们怎样表示欢欣和不快，怎样对待朋友和仇敌，怎样笑，怎样读报——所有这些对儿童都有很大的意义。你们态度神色上的一切转变，无形中都会影响到儿童，不过你们没有注意到罢了。如果你们在家庭里粗野暴躁、夸张傲慢或酩酊醉酒，再坏一些，甚至侮辱母亲，那么，你们已经大大地害了你们的儿童，你们已经对儿童教育得很坏了，而你们的不良行为，将会产生最不幸的后果。父母对自己的要求，父母对自己家庭的尊敬，父母对自己一举一动的检点，这是首要的和基本的教育方法。”

从这段论述中我们不难看出，父母教育孩子的过程，就是再现自己的过程，是教育自己和检验自己人格的过程。现在有许多人有一个极错误的观念，认为教育是让孩子学会自我教育，不懂得自我教育的施教者也能让孩子学会自我教育。但我们要知道，教育在真正意义上实现“教学相长”，首当其冲的是施教者的自我教育。事实上，当父母面对孩子时，孩子不仅是被教育者，同时也是教育者。面对孩子其实是父母面对自己的良心、面对人类的良心，这是因为当我们将孩子作为一个监督者时，孩子们为我们树立了榜样，他们那种无私的忘我精神，对这个世界彻底的信任的态度，给我们以机会，让我们能用孩子的观点去看待今天的世界。

我们强调父母的自我教育，但不会忽视孩子的自我教育，施教者的最终目标是使孩子学会自我教育。能否实现这一目标，取决于施教者的教育活动能否真正激发每个孩子的主动性、积极性和创造性。这就是说，施教者必须在正确的教育理念指导下，运用正确的教育方法，把孩子培养成自己的CEO。在这个过程中，家庭、学校和社会都应该承担起这一责任，三方形成教育合力，共同为国家培养真正有用的人才。其中的家庭教育尤为重要，因为家庭是孩子的第一所学校，家长是孩子的第一任老师，我们之所以强调父母自我教育的重要性，其意义正在这里。比如，现在比较普遍的一个现象是，由于父母的过度保护，孩子在困难面前束手无策，习惯性的依赖使孩子成了温室里的弱苗，无法经受风雨。这其实是父母扼杀了孩子的天性，一定意义上说是最大的错误，并且是以“爱”的名义在犯错。

基于上述认识，本书首先从CEO品质培养入手，强调家庭、学校、社会形成合力的重要性、必要性和紧迫性，然后从诚信、自信、独立、担当、专注、乐观、公正、合作、好奇心九个方面展开论述，以培养孩子拥有CEO品质应该具备的各个方面的能力。相信每一位施教者以及孩子一定能够从中受益。

目录

第一章

CEO品质的培养：家庭、学校、社会合力，从小培养孩子

孩子的教育是一项综合性工程，需要家庭、学校、社会共同努力。家庭是孩子成长的原始环境，学校是学生学习的主要场所，社会是青少年成长的大环境，因此在培养孩子CEO品质的过程中，家庭要发挥教育的主导作用，学校要发挥教育的引导作用，社会要发挥教育的辅助作用。只有家庭、学校、社会多方努力，形成教育合力，才能让孩子健康成长。

1.CEO 应具备的五大成功素质

被誉为“世界第一 CEO”的杰克·韦尔奇从 1981 年担任美国通用电气 CEO，一直到 2001 年退休，把公司市值从 130 亿美元提升到了 4800 亿美元。世人对此盛赞道:“在他的时代，美国和全世界总共只出了一个韦尔奇。”杰克·韦尔奇在自己所著的《赢——韦尔奇一生的管理智慧》一书中给我们引出了这样三点启示：第一，用坦诚精神，诚恳对待自己；第二，用领导力精神，帮助身边人提升；第三，用顶尖精神，落实数一数二原则。杰克·韦尔奇的关于管理和发展的种种真知灼见，在今天看来依然能给人们提供很多启发，甚至有职业经理人将他的观点奉为圭臬。

想成为 CEO 是许多人的理想，但光有理想是不够的，还必须有过硬的素质。有了过硬的素质不一定能够当上 CEO，但没有过硬的素质一定当不上 CEO！要想成为一个合格的 CEO，少不了个人的努力、悟性和机会。其中努力是前提，只有努力才能产生悟性，从而发现并把握机会。那怎样努力？毫无疑问，加强训练和培养是必不可少的。一个人的素质是由先天基因和后天生活实践相互作用逐渐形成的，从这个意义上说，CEO 素质训练与培养尤其需要从小开始。因此，要让孩子成为自己的 CEO，就有必要先了解 CEO 都需要哪些素质。

CEO 是一种职位名称，它的英文是 Chief Executive Officer，中文译为“首席执行官”。CEO 可以简单理解为企业领导者和职业经理人两种身份的结合。CEO 代表企业，是企业的灵魂，他必须始终站在企业发展的最前沿，不断为企业带来更好的发展。为此，他必须具备良好的品德、健康的体魄、全面的知识、专业的技能和非凡的智力，才能更好地促进企业的发展，使企业立于不败之地，不断引领企业向更高领域发展。下面，我们就从品德、体质、知识、技能、智能这五个方面来讨论一下 CEO 必须具备的成功素质。

（1）品德：责任心和事业心、守信、大胆和自信等

品德是道德品质的简称。企业无论是履行社会责任还是追求利益，客观上都要认真对待 CEO 的品德问题。因此，对于企业来说，

CEO的品德不是一个可有可无的问题。一个合格的CEO应该具备以下品德。

责任心和事业心：一个合格的CEO必须要有责任心和事业心，这是他所有能力形成和发挥的基础。事业心是企业发展的动力，责任心是工作有成效的保障。具有高成就动机的CEO对企业目标能产生较高的承诺，这种目标承诺促使他在工作中能够投入更多的时间和精力，以期获得更好的工作绩效。

守信：一个合格的CEO必须对自己所发出的信息和政策负责，确保信息的一贯性和持续性，而且守信也是CEO赢得下属信任的必要条件。作为企业的代表，CEO一定要一诺千金，没有什么比CEO丧失契约精神对一个企业的杀伤力更大了，而没有信用的企业早晚会被市场淘汰。

大胆和自信：一个合格的CEO必须敢于质疑现状、敢于冒险，通过不断追求变革、发展和创新来寻找机会，同时要有很强的自信心，这样才能给员工带来无限的动力，为企业发展带来新的机遇。

组织能力和协调能力：一个合格的CEO应该是一个出色的组织者和协调者，要有愿意与他人一起工作的合作精神，严守纪律、不为浮利轻举妄动的极强的原则性，以及能够吸引、影响其他成员建立起团队精神的人格魅力。

进取：CEO 在某种程度上决定着企业的发展方向。在竞争激烈的商场之中，要想让自己的企业立于不败之地，一个合格的 CEO 必须积极进取，这是必不可少的。

公正：CEO 在日常工作中常常充当“裁判”的角色，所以必须具备公正的素质。

坚韧不拔：坚定的意志是一个合格的 CEO 应具备的重要心理品质，它会使 CEO 的认识活动更具目的性和方向性，从而自觉克服认识过程中的困难，积极认识和掌握客观事物的发展规律，有效发展人的智力才能。

无私奉献：作为一个企业的领导者，CEO 应该懂得无私奉献的重要意义。只有这样，企业才能凝聚人气，更有效率。

廉洁：企业 CEO 必须忠于企业，不能贪图私利。无论面对何种诱惑，都必须坚决抵制，保持自身的廉洁。

通过上述分析我们认识到，要想让孩子成为自己的 CEO，品德教育是重中之重。而在孩子的早期教育中，父母的作用非常重要，因为父母是陪伴孩子的第一人，也是陪伴时间最长的人，他们的一言一行都会成为孩子模仿的对象。不注意培养孩子品德的父母，是没有真正尽到做父母的责任的。

（2）体质：拥有健康体质，才能肩负重任

CEO 身处犹如战场的商场，在日常工作中，无论是深入基层，检查指导生产经营，还是运筹帷幄，对变幻莫测的市场形势做出战略决策，没有一个健康的身体是做不好这些事情的。因此，一个合格的 CEO 必须要有健康的体质，这样才能肩负起繁重的生产、行政、指挥等任务。同时，拥有健康的身体也能为企业的员工树立更好的形象，使企业的发展更有保障。

著名企业家王石平均每年要花三分之一的时间进行登山活动，这让许多难以从工作中抽身的企业家艳羡不已。王石认为，一个人应该拥有“健康丰盛”的人生，并对此解释说，身体健康才可能丰盛。丰盛包括工作、家庭，以及业余的户外活动。“如果工作期间就是工作，等到工作完了，身体不好了才想到要去保养、锻炼身体，我觉得这是非常非常滑稽的。”在他看来，充满乐趣的工作、志趣相投的同事、健康的体魄、开放的心态、乐观向上的精神，都具有金钱无法替代的价值。

CEO 如果不注意保养自己，那么极容易患上各种疾病，高血压、心脏病、脑血栓、胃病、肝病、脊椎骨突出等就会接踵而至，有的 CEO 甚至会得癌类绝症。没有好的身体，都将留下力不从心的

遗憾。因此，CEO 在平时工作中保重与保养自己就显得尤为重要。真正的健康，是身体的健康，更是精神、心灵的健康。CEO 必须在修身和养性两方面予以注意。比如，饮食方面要合理膳食，保健方面勤加锻炼，心态方面积极乐观等。

就孩子的教育来说，孩子没有好体质，将来做什么都是问题。培养孩子不仅仅是知识、能力等软件方面的培养，打造硬件才是其他一切的基础和前提。如何为孩子的好体质加分？值得每一位施教者深思。

（3）知识：掌握科学文化知识及专业知识

这里的知识主要是指科学文化知识及专业知识。作为一名合格的 CEO，应掌握政治法制、社会学、心理学、经济学、人际关系理论、大众传播学、新闻学、企业文化等科学文化知识，还要将企业的战略管理、营销、广告策划、人力资源管理等方面的专业知识学深、学透、学精，用活、用好、用足。学习这些知识，尤其要注重理论与实践的结合，把自己打造成为一个多面化、复合型的人才。

事实上，对于任何知识的学习，都是 CEO 学习力的一种体现。学习力即学习的能力，从某种意义上说，它与教育无关。因为学历高并不意味着学习能力强，而学习能力强的人也不一定学历高。晋商、浙商、徽商中有很多老板的文化程度并不高，但他们的学习能力很强，这是他们取得成就的重要原因之一。作为一个企业的领导者，CEO 必须随时根据企业内外部环境的变化，在战略决策、执行流程等方面做出必要的改变，而这种改变的准确性是建立在对环境的把握上的。缺乏学习能力会使 CEO 失去洞察环境的能力和敏锐性，从而失去战略调整和变革的最佳机会，也不会对企业的各种生产流程做出合理的优化与调整。由此可见，通过学习知识培养学习力，对 CEO 是非常重要和必要的。CEO 只有不断更新知识，才能保证企业不被淘汰。

（4）技能：技术、人际、全局的技能

技能是指一个人运用一定的动作或智力活动完成某项工作的手段和能力。作为一名合格的 CEO，必备的技能主要表现在三个方面：技术技能、人际技能和全局技能。

技术技能是指使用某一专业领域内有关的工作程序、技术和知识完成组织任务的能力。也就是我们常说的“一技之长”，行家里手都有自己的一技之长。重视技术的 CEO 才是好 CEO。比如，能够清晰阐述公司愿景、找到行业脉搏、做好团队沟通与管理、掌握激励员工的技巧、能够预算资金的流动性，等等。

人际技能是指与处理人事关系有关的技能，即理解、激励他人并与他人共事的能力，也就是我们常说的“懂人”。CEO 必须要懂人，既要懂得别人，也要懂得自己，从人性上把握人的特点，这样才能协调好同下属的关系以及与同级之间的关系。在这之中，沟通能力是非常重要的。只有具备超凡的沟通能力，才能成功说服下属、客户以及政府相关部门，让他们理解、配合、支持自己的工作。

全局技能指的是洞察企业和环境之间的复杂性的能力，也就是理解为什么要做某事的能力。具体来说，就是能够理解事物之间的相互关系，找出关键影响因素，确定和协调各方面的关系，权衡不同方案的优缺点和内部风险等。

（5）智能：思维、判断、智商

智能也叫智力，即才智与能力，是指人认识、理解客观事物并运用知识、经验等解决问题的能力。智能和智慧是有一定差别的，换句话说，能够用智慧的方式解决问题，才能达到真正意义上的智能。否则，智能就只是一个客观存在，比如它存在于人们的潜意识中。从青少年教育的角度来讲，施教者如果能够正确认识智能和智慧的关系，对于培养孩子是很有意义的。

人们在评价那些成功的CEO时，常常说他们“具有非凡的智能”，其实这个非凡的智能主要包括三个层面的含义：思维、判断、智商。对智能的这种解构，在理论和实践中应该都是成立的。

首先来看思维。毋庸置疑，管理工作的效果从根本上来说取决于CEO的思维方式。事实上，关注和研究管理者的思维方式，已经成为管理科学、思维科学领域的一个重要课题。现代CEO的科学思维方式应包括多极思维方式、开放性思维方式、非优化思维方式、模糊思维方式、换位思维方式和创造性思维方式。从实际情况看，企业中有的人成了CEO，而有的人一辈子只能做普通员工。究其原因，思维在其中起了很大的作用。可以这样说：人和人之间最大的不同就是思维方式的不同。

其次来看判断。合格的CEO在大量的管理工作实践中，能够解决许许多多错综复杂的问题。如果没有敏锐的观察力、正确的判断力、果敢的决断力，不但解决不了问题，还会被问题缠住，自己最后也陷入问题之中而不能自拔。实践证明，判断力有助于CEO在进行企业战略规划，乃至于具体的部门规划和工作计划时，提高工作的效率和准确度。再加上其敏锐的观察力、果敢的决断力以及缜密的逻辑思维能力，将大大提高实际工作的效率。

最后来看智商。智商即一个人与自己的年龄段相应的智力发展水平。睿智即聪慧、明智，表现为见识卓越，富有远见。睿智其实是智商与情商的完美结合。从普遍意义上讲，智商是情商的基础，情商是智商的升华。一个 CEO 是否睿智，既反映了他的智商，也反映了他的情商。无数实践证明，好的 CEO 都非常睿智，他们能够以独到创新的方式引领企业不断前进，也能在人际关系中左右逢源。

有的施教者尤其是一些孩子的家长认为，孩子的智商是第一位的，因而忽视孩子的情商教育。这样做的结果，极有可能导致孩子将来走向社会时只懂业务，但在人际关系方面处处碰壁，结果难免因无法融入人群而败下阵来。孩子自身都不能适应社会，更遑论做 CEO 了。这是应该引起注意的问题，并且要及早加强情商教育。

2. 培养孩子做自己的CEO，要注重发掘潜能

有一位年轻的母亲，她的孩子上学前班，不知何时养成了熬夜的习惯，每天起床时都无精打采、哈欠连连，她很为这事苦恼。有一次，学前班举行舞蹈演出，要求孩子们早上6点半来班里化妆。在演出的前一天晚上，这位母亲还担心孩子不能按时起床，没想到第二天6点前，孩子就自己起床了，还一直喊着要快点，生怕迟到。她很奇怪，不知道为什么孩子突然这么早就自己起床了，并且不用她去叫。孩子骄傲地对妈妈说："你知道吗？妈妈，老师说我跳舞很好看，小朋友们每次都为我拍手叫好呢！这次为了跳好舞，昨天晚上，我可是好多次告诉自己明天要早起呢！"原来，孩子是因为受到了鼓励和欣赏才一反常态。这件事启发了这位母亲，她认为有必要给孩子更多的鼓励和肯定。从此以后，她经常对孩子说，

"你是最好的！你一定可以早睡早起。"渐渐地，她的孩子真的早睡早起了。

这个故事告诉我们，人的潜能是巨大的。一旦内心有了明确的目标，那么潜意识就会指引你去做某件事情。在家庭教育中，如果父母能够接纳并相信自己的孩子具有独一无二的天赋，并将这种信念植入孩子的潜意识，就能最大限度地唤醒孩子的潜意识，也极有可能成就孩子不平凡的未来。

很多人对孩子的潜力认识不足，看不到孩子的能力，比如常常插手孩子的事，直接给出具体的操作步骤，甚至把孩子自己能做的事情给做了。名曰"帮助"，实际上阻碍了孩子潜力的挖掘和发挥。为什么我们要说"注重发掘潜能"？就是强调不要低估孩子的潜力。有时候，我们的经验越多，就越容易先入为主；能力越强，就越容易用自己的标准去定义所谓的能力，反而失去了看到其他能力的可能性。对于孩子的成长，我们需要做的就是停下手来，睁开眼睛，相信孩子的潜能，培养孩子自己解决问题的能力，因为孩子完全可以具备解决问题的能力。

（1）人的潜能到底有多大

人的潜能，顾名思义，就是人潜在的能量，它是人体内蕴藏的经亿万年生命演化而形成的极为丰富的力量。有关研究已证明，正常人的脑细胞为140亿至150亿个，但只有不足10%被开发利用，其余大部分都处在休眠状态。也有研究统计认为，人类有98.5%的脑细胞处于休眠状态，甚至有专家认为只有1%的脑细胞参加了大脑的功能活动。

人的潜能是非常大的，并且是可以激发的。正如莎士比亚的一句名言："脑袋里的智慧，就像打火石里的火花一样，不去打它是不肯出来的。"

事实上，每个人都有可以开发的潜能，智慧也是一种潜能，它是现代人通过多种方式和科学手段开发出的一种潜能。

（2）唤醒孩子沉睡的潜能

一般来说，人脑有许多智能区块，诸如平衡、语言、视觉、听觉、触觉，等等，每个智能块都有不同的任务、功能和特点，并且它们之间相互传递信息。唤醒孩子沉睡的潜能，就是充分发挥这些智能区块的交互作用，激活孩子的各个智能区块并促进其发展。

有的人认为开发右脑很重要，也有人认为应该全脑开发。不过专家认为，"右脑开发"也好，"全脑开发"也罢，它们其实没有本质上的区别。因为右脑开发实际上强调的也不是单纯开发右脑而不管左脑，而是在挖掘右脑潜力的同时激发左脑功能，达到左右脑平衡。讲右脑开发很大程度上因为传统教育是左脑教育，对左脑的开发程度比较注重和深入，反而让右脑闲置。因此开发右脑功能显得尤为重要。专家还建议，要注重对6岁至12岁的孩子进行潜能开发，因为在这个阶段有助于最大限度地唤醒孩子的潜能。

好孩子或熊孩子都不是天生的。优秀的孩子之所以出类拔萃，很大程度上是家庭教育使然。只要家长创造机会，对孩子的性格、心理和行为等方面施加积极的影响，促进孩子的个性化发展，鼓励、支持孩子做唯一的、最好的自己等，就能唤醒孩子沉睡的潜能，让孩子变得更加聪明。

（3）教育，就是帮助孩子找到“可以伟大”的地方

英国的著名作家罗宾逊说：“人的潜能犹如矿产资源，埋得很深。”的确，每个人的心中都沉睡着一个巨人，每个人的灵魂都蕴藏着无穷无尽的力量。如何唤醒孩子心中的巨人，从而迸发出潜藏的无尽力量呢？在这方面，教育将发挥至关重要的作用。瑞士著名教育家裴斯泰洛齐有一句名言：教育的目的在于促进人的天赋力量和谐发展。

什么是教育？教育就是发现孩子“可以伟大”的地方，让孩

子在认识世界的过程中，认识一个独一无二的自己；教育就是唤醒，让孩子学会选择，明确目标，从而让孩子装配上属于自己的发动机，在通往伟大的道路上行动起来。每一个孩子都可以伟大！

3. 家庭教育：家庭是孩子的第一所学校，父母是孩子的第一任老师

美国前总统布什曾于2001年任命赵小兰为劳工部长，并获得参议院批准。赵小兰是美国历史上首位华裔内阁部长。赵小兰的家族，其家庭教育方法是将中国优秀传统与西方社会的管理方法相结合，这一点受到了海外华人的高度赞扬。“没有这样成功的家庭教育，很难有今天赵小兰的成就”，一些苛刻的媒体也称赞赵小兰的成功，认为赵小兰不专横、谦虚、有适度的矜持和中国人的傲气，而这些均来自她良好的家庭教育。

家庭是孩子的第一所学校。在一个人的成长过程中，家庭就是孩子的教育启蒙机构，具有不可替代的作用。一般来说，人是在一个固定的家庭中出生、成长和生活的，并接受着来自这个家庭的教育。孩子从出生那一刻起就受着家庭环境的影响。家庭成员的言行

举止潜移默化地影响着孩子，在经历了家庭环境的熏陶之后，孩子才会进入更广泛的社会领域。

父母是孩子的第一任老师。在家庭这所学校里，父母扮演着重要的角色，将对孩子产生重要的影响。家庭虽然没有数理化等课程，但家庭的经济条件、物质环境、人际关系、父母的文化水平和道德修养，都深刻影响着孩子的心智。在家庭成员中，“父慈、子孝、兄爱、弟敬、妻柔”，孩子必然是一个尊敬长辈、性格开朗、性情温和的好孩子。家庭经济条件丰富，物质环境完善，能为孩子提供更多的书籍、玩具和锻炼机会，孩子见多识广，智力开发程度也更出众。

家庭和父母对孩子产生什么样的影响，关键在于父母的把握。身为父母，要充分利用家庭这个启蒙机构，对孩子施加积极的影响，克服消极的影响，使家庭真正发挥人生第一所学校的作用，真正担负起孩子第一任老师的责任。

（1）家庭的样子：营造一个良好的家庭氛围

对于一个成长中的孩子来说，他的家庭应该是什么样子？家风决定了一个家庭的基本面貌。家风是一个家庭的风格，也是一种潜移默化的道德标准，每个家庭都有自己的家风。正是因为家风的约束，我们才能对自己更加严格。习近平总书记在会见全国文明家庭代表时曾深刻指出：“家风好，就能家道兴盛、和顺美满；家风差，难免殃及子孙、贻害社会。”可见家风对家庭成员乃至社会的影响。

正所谓“积善之家，必有余庆；积不善之家，必有余殃”。强调德行修养和与人为善才是一个家庭长期繁荣兴盛的根本保障，反映了古人的智慧。从古到今，那些传承久远的世家大族，无不人才辈出，福泽绵长，就是因为他们将深厚的文化底蕴凝结为优良的家教传统，培养了一代又一代子孙的优良品格。相比之下，那些奸佞之人之所以遗臭万年，实与家风家教关系极大。现实中，中纪委披露的许多案例都表明，家风败坏是领导违纪违法的重要原因。

家风的好坏不仅影响家庭成员，也影响着社会风气。家庭是社会的细胞，家风好，社会风气才好。如果一个家庭讲究道德、崇尚知识、勤俭持家、家庭和睦、尊老爱幼、邻里互助，那么这个社会也会形成和谐的良好风尚。

家风的作用与影响不可小觑，可以说是孩子成长的关键。我们说“家庭是人生的第一所学校”，其实重在“人生”二字，强调的是立德树人，指在孩子精神成长方面的教与育。也就是说，要帮助孩子养成良好的习惯、活泼开朗的性格、健全的人格品质、高尚的道德情操和健康的心理素质，这些非智力因素，主要是在家庭里培养的。如果说孩子是一颗种子，那么家风就是这颗种子成长的土壤、空气和水分，这些条件共同塑造一个孩子的成长史。我们要像呵护种子一样来呵护孩子，给孩子营造良好的家风，让孩子沐浴着阳光，茁壮成长。

（2）父母的样子：做好孩子的第一任老师

一个人的道德品质、性格、人格、价值观、信念等精神品质是一个人的“树根”，这个“根”是在家庭中培育的，需要父母亲手浇灌。如果一个孩子的根扎得深，长得壮，长得粗，长得正，那么这棵树就会枝繁叶茂，最后长成栋梁之材；如果一个孩子的“根”培育得不好，只要遇到狂风暴雨就会倾倒，生活中这样的案例实在太多了。所以，家长作为第一任老师的任务就是培“根”。

首先，父母要深刻理解为什么自己应该做“孩子的第一任老师”。其实这个道理很简单，那就是孩子一出生，第一声啼哭是父母听到的，孩子第一眼看到的人是父母，从出生就与父母朝夕相处，父母的一言一行都是孩子的教材，父母的点滴活动都是孩子的课程。其次，作为父母必须明白，教育孩子是世界上最系统最复杂的工作，所以父母是需要学习的。有的年轻人没有做好育儿的准备就生了孩子，对孩子的心理、生理特征和成长规律知之甚少，以至于在教育孩子时束手无策或粗暴干预等，这些做法都扼杀了孩子的天性，危害了孩子的身心健康。

4. 学校教育：让学校成为学生成长的乐园

某学校初中一年级三班有一个叫徐浩（化名）的学生，经常调皮捣蛋，不遵守纪律，属于那种“大错不犯，小错不断”的类型。面对这样的学生，班主任曾大发雷霆，严厉训斥。班主任后来发现，这名学生被训斥习惯了，根本不在乎老师的批评。几次没做作业后，班主任决定找他的家长了解一下情况，希望得到他们的配合。班主任和家长一起向徐浩讲明不遵守纪律、不认真学习的危害，并表示不会追究过去的问题。接下来的几天，徐浩的作业完成情况有了很大的改进，质量也有了明显提高。借此机会，班主任当着全班同学的面表扬了他很多次，让同学们向他学习。几次之后，班主任发现徐浩变了，开始在课堂上积极回答问题，也不东张西望了。虽然偶尔会犯点小错误，但他的上进心明显增强了，在月中考试中也取得了很好的成绩。

训斥是恨铁不成钢，而鼓励是望铁早成钢，是启迪自信心的一把金钥匙。这位班主任以宽容的胸怀对表现差的学生耐心施教，体现了学校教育应有的一种教育理念与方式。

俄国教育家乌辛斯基曾经说：“教育的主要目的在于使学生获得幸福，不能为任何不相干的利益而牺牲这种幸福，这一点当然是毋庸置疑的。”但是，由于家庭、学校、社会和学生自身等主客观因素的影响，很多学生感受不到学校教育的快乐，很多学生有厌学的现象。面对如此严峻的现实情况，学校需要怎么做？有研究表明，当学校教育能够最大限度地激发每个学生的主动性、积极性和创造性，构建校园和谐的师生关系，充分尊重学生的自主选择，学生就一定能获得身心愉悦和教育的幸福。因此，学校教育要注重从这三个方面采取有力措施，让学校真正成为学生快乐成长的乐园。

（1）学校教育的真谛：激发每个学生的主动性、积极性和创造性

学校教育的真谛，在于通过创新教学模式，采取一切可行的措施，来激发每个学生的主动性、积极性和创造性，以促进学生的健康成长和全面发展。

激发学生的主动性，要让学生充分参与课堂教学活动，充分发挥他们的主动性，施展才华，发展个性；充分利用课程资源及学校的人力、物力资源，采取灵活多样的教学形式，激发学生的学习主体意识；采取个性化的教学方法，如有的老师善于以丰富的情感感染学生，有的老师善于以训练的方式提高学生的实践能力，等等；要充分利用计算机、多媒体等新的技术手段，运用现代教学方法，调动学生的积极性。

激发学生的积极性，要综合考虑可能影响学生学习兴趣的各个方面，结合不同年龄段学生的生理和心理特点，努力满足学生的生理和心理需求，改变对学习的恐惧、厌学状态，营造良好的教学氛围。

激发学生的创造性，要及时激发学生的创造性思维，鼓励学生的创造性活动；要重视培养学生的好奇心，激发其学习兴趣，培养其创造力；要关注学生的个性差异和不同需求，因材施教，培养学生的思维能力，提高学生的创新能力。

激发学生学习的主动性、积极性和创造性是一个长期而艰巨的过程。在采取具体措施时，要注意理解课程标准，充分发挥课程大纲的优势和劣势，才能收到更好的效果。

（2）构建和谐的校园师生关系：好的同伴和受欢迎的老师

在一个人的成长过程中，“关系”二字具有重要的意义，一方面它可以帮助一个人在与外界的互动中明确自己的位置，找到安身立命的方式和途径；另一方面它能促使一个人进行学习，而只有在和谐的关系中才能够发生。校园关系主要指的是同伴关系和师生关系，学校要重视这两种关系的构建。

同伴关系指的是学生与学生之间的关系。事实上，学生之所以愿意到学校去，原因之一就是学校有自己的同伴。拥有一群志同道合的朋友和同伴，是学习生涯中最值得回味的事情。因此，学校应重视同伴对于每个学生的重要性，让学校成为学生寻找同伴的地方。

师生关系指的是老师与学生的关系。拥有受欢迎的老师是每个学生都期望的，而老师是否受欢迎，全在学生自己的体验与看法。如果老师只能自己感觉到对学生的爱，但学生却感受不到，那么这种“爱”就是畸形的，也不可能构建起和谐的师生关系。只有老师喜欢学生又被学生喜欢，才是一个真正受欢迎的老师，也才能形成真实的、良好的师生关系。只有师生之间建立起良好的关系，才能在具体的教学过程中进行良性互动，实现“教学相长”，从而使

“教育”真正地发生。

（3）让选择成为校园主题词：学生对作息时间、学习方式、课程和未来的选择

一直以来，我们的学校都秉承“一切都是为了学生好”的原则，不管学生乐不乐意，一厢情愿地把相同的教育强加到不一样的学生身上，不太在意学生的真实感受和千差万别的需求。“一刀切”和“填鸭式”的方法，不可能使教育真正发挥作用。事实上，在世界各地，大部分教育改革的成功概率都非常低，其中很大一部分原因就是校园里缺少让学生自主选择的机会。

被美国《时代周刊》誉为“思想巨匠”“人类潜能的导师”的成功学家史蒂芬·柯维博士指出：“教育永远不可能让所有孩子在同一个舞台上都光彩照人，也不可能以同样的机会让不一样的孩子赢得同样的成功，我们能够具有竞争优势的方式只有一个，就是造就一个充满选择的校园。”

那么，究竟如何创造一个让学生可以自我选择的校园？其实这要根据学生在校的实际情况决定。具体来说，就是让学生自己选择作息时间、学习方式、课程，并且可以自己选择未来。为此，学校要在这些方面做出切实可行的安排。

在课程选择上，学校可以在数学、物理、化学、生物等课程上，按难度进行分层级设置，让每个学生可以根据自己的实际情况和未来职业方向进行选择，让学生根据自己的需求进行选择。

在学习方式选择上，学校既可以按常规要求让学生天天在教室上课，也可以让学生申请自修、免修或到书院里与同伴切磋学习。

在作息时间选择上，学校可以将午餐分为前后两个时段，也可以将晚自习分为三个阶段（总结复习、完成作业、课程预习），或者同时对二者做出划分，总之一切皆可以让学生按照自己的习惯来定。

在未来选择上，最为重要的是让学生对自己的未来发展方向进行选择，通过学校组织的若干个职业考察和体验活动，让学生们慢慢学会认识自我、认识社会，理清自己将来的职业倾向，而这是他们自主选择课程的基础。

当然，让学生有意识地自我选择，并不意味着学校放任学生自由，依然需要适当程度的管理和引导，既要保证选择后的学习质量，又要保证身心健康，有利于未来发展。

5. 社会教育：社会环境对学生成长具有重要影响

16 岁的张猛（化名）是一名中学生，他利用虚假身份信息在社交网站注册，与未成年女性互动，多次以口头威胁的方式强迫与多名未成年女性发生关系并拍摄裸照，还将一些裸照发到互联网上，以此进行要挟。正所谓多行不义必自毙，张猛最后因强奸罪被追究刑事责任。网络是一把双刃剑，由于法律观念淡薄和社会不利因素的影响，使张猛走上了犯罪道路。

青少年的生活不是封闭的，他们的许多心理和生理问题很大程度上是由于社会环境的影响。以社会公德为例，许多青少年随地吐痰、乱丢垃圾、闯红灯、不守秩序，就是因为受到了那些没有素质的人的影响。全社会都应该积极营造良好的社会氛围，把社会主义先进文化根植于青少年的思想中，每个人都应该为青少年的健康成长树立榜样。

（1）青少年危机——一个沉重的话题

当下，由于资本冲动和浮躁气氛的助推，“颜值消费”“颜值正义”“眼球经济”“靠脸吃饭”“花样男女”等理论不绝于耳，男性女性化、女性男性化的现象屡见不鲜。如果说这类现象只是反映了一些人病态的审美，属于“冰山的一角”，那么“水下”那部分才是最令人忧心的，这就是成瘾行为、内部失衡和外部失调。将这三者归结起来，就成了一个非常沉重的话题——青少年危机。这三大危机对青少年的健康发展非常不利！

青少年成瘾行为是指他们对某种事物已形成习惯并具有超乎寻常的嗜好，主要有吸烟、饮酒、毒品成瘾以及手机、网络、赌博、性成瘾等。其根源来自外部因素，生活节奏的加快和无休止的竞争，媒介宣传的负面效果，家庭成员中有不良嗜好者等。在这些不良因素的影响下，对事物的正确认识不足、自律性差的青少年很容易形成对某种事物的成瘾行为，成为非常严重的心理健康问题。

青少年内部失衡是指由于青春期引起的一系列生理和心理上的变化不能适应社会生活，主要有抑郁、焦虑、青春期精神分裂和自杀倾向等。比如，在学习上因缺乏方法、自觉性差而丧失学习兴趣；在人际交往上因处理不好师生关系、同学关系、异性关系等问题而陷入紧张状态。内部失衡将导致困扰、绝望、悲观等消极的心理问题。心理出现问题就会影响生理健康，比如多愁善感容易体弱多病；而生理出现问题也会影响心理健康，比如生理疾病容易导致情绪悲观等。

青少年外部失调指的是青少年的反社会行为和犯罪行为。心理学家和社会学家对青少年的反社会行为的界定意见并不统一，但对青少年的违法行为的观点是一致的，公认未成年人犯罪要比其他年龄阶段更普遍。而据近年来出版的有关青少年犯罪统计资料显示，我国青少年犯罪似乎有愈加严重的趋势。

青少年之所以出现上述危机，既有青少年自身的主观“跑偏”，也有社会大环境的客观“带偏”，不管跑偏还是带偏，总之是偏了，偏离了正常的人生轨道，偏离了正确的人生方向。要想回归正途，必须从根本上解决问题。应从国家顶层设计着手，以制度形成约束，以风气实现引领。学校要联合家庭及社区共同开展各种活动，帮助青少年顺利度过危机，共同促进青少年健康成长。

（2）用良好的社会风气影响青少年

社会风气是指社会上竞相仿效和传播流行的观念、爱好、习惯和行为，它对人们的思想、心理和情感发挥着潜移默化的作用。良好的社会风气有利于青少年健康成长，而营造良好的社会风气，关键在于将“富强、民主、文明、和谐，自由、平等、公正、法治、爱国、敬业、诚信、友善”的社会主义核心价值观融入青少年成长的全过程。

全社会要营造良好的社会风气，树立积极阳光的价值观，在大的环境下去影响青少年，让他们养成美好的精神境界和好思想、好品德、好习惯，使他们朝着正确的方向成长。当然，学校方面也要根据学生的年龄和特点，科学设计、合理安排社会主义核心价值观教育；家庭方面也要重视言传身教，教知识、育品德，让社会主义核心价值观的种子从小就在少年儿童心中生根发芽。

（3）用社会主义先进文化陶冶青少年

社会主义先进文化的价值取向是有利于个人、家庭、国家、全人类的和谐与全面协调可持续发展，使人们在心灵自由、身体健康、财富自由等方面获得最大满足。社会主义先进文化会对青少年产生潜移默化的积极影响，有助于他们形成以文化为核心的世界观、人生观和价值观，从而全面发展，健康成长。

用社会主义先进文化陶冶青少年，要用讲仁爱、重民本、守诚信、崇正义、尚和合、求大同的中华优秀传统文化教育青少年，使青少年传承和弘扬中华优秀传统文化；要用具有坚定、彻底的革命精神和厚重、深沉的革命内涵的革命文化教育青少年、感染青少年，让他们从小树立起坚定的理想信念和革命精神，使红色基因渗进血液、浸入心扉；要在青少年中培育和践行社会主义核心价值观，把知识传授和价值导向结合起来，把文化产品创造与文化环境营造结合起来，充分发挥社会主义先进文化的引导功能，让青少年在良好的环境里健康成长。

第二章

CEO 诚信品质培养：奠定孩子未来走向成功的基石

诚信是一个人道德思想的基本内容，一切良好的道德品质都必须建立在正直的基础上。诚信是孩子成长的路标，是立人的根本。老师和家长要有敏锐的洞察力，及时判断和掌握孩子的动态，在孩子不诚实的行为处于萌芽状态时，运用好的疏导方法对孩子进行教育，培养他们诚实的心理，督促他们遵守与自己所说所做相一致的行为准则，让每一个孩子都拥有他们人生道路上不可或缺的诚信品质。

1. 培养诚信，是一个人形成良好品质的重要途径

1998年，香港廉政公署（ICAC）执行处准备选一名首席调查主任。经过严格的资格审查和层层推荐，有40多人进入笔试。最后一题是一个20分的问题：请简要介绍李世民为保护环境所采取的措施，并详细讨论其合理性。身为考生之一的蔡双雄，知识面并不狭隘，他很崇拜李世民，也读过许多关于李世民的书。但在答这道题时，他绞尽脑汁也想不起李世民在环保方面采取了什么措施。最后，蔡双雄不得不在试卷上写下一句话：我实在想不起来李世民在环保方面曾有过什么举措，对不起，这道题我不会答。

一个20分的题没有答出来，一定不会有希望了！交卷后，蔡双雄显得很郁闷。出乎意料的是，测试结果出来后，这道题蔡双雄得了满分，并且全考场只有他得了满分。蔡双雄成为唯一进入面试

的人。

选委会解释说，这个问题没有答案，或者最标准的答案就是“不知道”。

事实上，这道题取自联合国教科文组织试题库，其目的是测试考生的诚信度。“知之为知之，不知为不知”，这是做人应有的态度。遗憾的是，这么多考生列举了李世民的多项环保措施，并用数百字来论述其科学性和合理性。

无数的事实告诉我们，诚信，是每一个人都应该从小养成的良好品质，无论未来从事哪一种职业，一个讲诚信的人都会受到人们的尊敬。所以家长一定要把诚信教育放在非常重要的位置。

（1）诚信品质能让孩子交到更多的朋友

在人际交往中，诚信品质能让孩子结交到更多的朋友，受到他人的欢迎，得到更多的帮助与关怀，这无疑对孩子身心健康的发展起着重要的作用。相反，没有诚信的孩子，别人不喜欢和他交朋友，也得不到别人的欢迎、帮助与关怀。

在家庭教育中，对孩子诚信素质的培养能使孩子抵御不良品行的侵袭。一旦孩子形成了诚信的品质，他们就会在父母、老师和同学面前坦坦荡荡，不会刻意隐瞒。因此，诚信品质的培养是孩子形成良好品质、克服不良品质的重要途径。同时，诚实守信也是道德的升华。诚实是获得信任的前提，对他人诚实自然会获得人们的信任。

（2）为了孩子的前途，诚信品质培养必不可少

美国第16任总统亚伯拉罕·林肯说：“你能欺骗少数的人，你不能欺骗大多数的人；你能欺骗人于一时，你不能欺骗人于永恒。”所谓欺骗，就是以虚假的言行掩盖事实真相，并故意施诈使人上当。欺骗和说谎从目的上看是相同的，都是不想让人知道自己的真实想法。

现今社会，孩子的说谎行为比较普遍，甚至已经发展成为一种家庭乃至社会性问题。但是，有些家长对此并不重视，他们认为孩子小，说几句谎话没什么大不了的，甚至还觉得挺好玩。殊不知，这样做的危害是很大的，因为撒谎一旦成了习惯，再去改变它，就十分困难了。更严重的是，从小说谎，如果不加制止，长大后就可能成为社会上的骗子，而骗子的惯用伎俩就是欺骗，其行径极为恶劣。

孩子养成说谎、欺骗、作弊的习惯是最要不得的。大而言之，有害于社会，那些贪官污吏、盗窃犯、诈骗犯就是惯于说谎的典型

人物；小而言之，会使个人信用破产，撒谎的人会受到大家的唾弃，变成不受欢迎的人。小时候爱撒谎的孩子将来就可能对同事、领导或爱人撒谎，甚至变成罪恶的根源。因此，为了孩子的前途，培养孩子的诚信品质是非常重要的。

2. 从家庭起步，培养孩子良好的诚信品质

刘彦（化名）是小学二年级的学生，喜欢说大话、空话，对学习也不感兴趣，经常抄袭同学的作业，甚至编造各种理由来应付老师的作业检查。他还经常对其他同学说三道四、指指点点，在集体生活中与他人格格不入。因为他有这些坏习惯，同学们都不愿意和他交流，所以他并没有真正的朋友，表面上看着挺开朗，其实心里很孤独。

人与人之间的交往必须遵循诚信的原则，如果不能诚实守信，别人将不会或不敢再联系你。虚伪失信的后果不会马上显现，但当你发现别人与自己疏远，自己无法融入集体时，悔之晚矣。于是就会产生“破罐子破摔”的心理，进而陷入恶性循环之中。刘彦就是这样。

通常我们认为，影响孩子诚信品质发展的因素主要有家庭、学校和社会三个方面，其中影响最大、持续时间最长的当数家庭教育。从家庭起步培养孩子良好的诚信品质，是由家庭教育的特点和权威性决定的。

家庭教育的显著特点是寓教于日常生活当中，教育是伴随着家庭生活的日常过程而进行的。在特定的家庭日常生活环境中，孩子是诚信教育的对象，也是践行诚信的主体。作为父母，不要以为只有当你们在与孩子交谈时才是在教育孩子，日常生活中的言谈举止、每时每刻，甚至是不在家的时候，都在教育孩子。父母穿衣、说话、表达情绪的方式、对待朋友、对待家人……所有这些对孩子都具有重要的教育意义。家庭诚信教育是有计划和无计划、有意识和无意识地进行的。无论以什么方式、在什么时间进行教育，都是父母用自己的言行影响孩子。正是由于家庭教育与家庭日常生活的高度融合，才使得家庭教育的影响是连续不断的，而孩子的诚信品质就是在这种潜移默化中不断形成和发展的。

除了日常生活中的点滴教育，家庭教育的权威性无可替代。亲子关系是一种父母与孩子血脉相连的情感关系，父母在日常生活中的良好示范会得到孩子的尊重和信任。这种尊重和信任往往会在家庭中树立父母的权威，在孩子的社会化过程中发挥特殊促进作用。

父母的威信是一种不可估量的潜在教育力量，是父母有效地对子女进行诚信教育，使其自觉接受诚信教育的基础。同时，由于父母和孩子之间特殊的血缘关系，彼此容易产生情感共鸣，孩子也容易倾听和相信父母的言行。

无数事实证明，在那些日常生活中表现出诚信和美德的家庭，对孩子的管教充满仁慈和爱心的家庭，孩子的诚信品质往往能够得到很好的塑造。

（1）尊重孩子：诚信教育的客观要求

在教育孩子方面，鲁迅先生认为，要教育好孩子，首先要尊重和理解孩子。在鲁迅看来，若不能理解孩子，就会盲目做事，这会进一步阻碍孩子的发展。曾经有一次，鲁迅在家中宴客，儿子海婴同席。在吃鱼圆时，所有的客人都说新鲜可口，只有海婴说鱼圆是酸的。妈妈以为孩子在胡说，就责备了他几句，孩子很不高兴。听了这话，鲁迅尝了海婴咬过的鱼圆，感觉真的不是很新鲜，所以他感慨地说："孩子说不新鲜，我们不加以查看就抹杀是不对的，看来我们也得尊重孩子说的话啊！"

西方近代教育理论的奠基者，捷克民主主义教育家扬·阿姆斯·夸美纽斯指出："应当像尊敬上帝一样地尊敬孩子。"强调孩子是具有独立人格的人，理应受到成年人的尊重。孩子尽管年龄小，但他同样能体会到别人对他的尊重和信任，尤其是来自父母的尊重和信任。要知道，从小受到尊重、信任的孩子，会更加懂得怎样去尊重、信任别人和怎样得到别人的信任。

尊重孩子，就必须尊重孩子成长的规律。虽然父母可以看到生命发展的一般规律，但每个生命个体都是不同的，而且差异会很大。所以父母要学会观察自己的孩子，静静地等待和给予积极的引导。只有尊重孩子的发展规律，孩子才能够按照自己的节奏慢慢成长，这种成长的力量是强大的。

尊重孩子，就必须尊重孩子天生的人性之光。当父母和孩子发生冲突，或者孩子做错了什么事，父母要跳过现象，看到孩子做这件事的本质，带着理解和尊重去引导孩子，而不是把他当作一个不听话的小孩来管教。孩子的心态不一样，他感受到的能量也不一样。

尊重孩子，就是要尊重孩子的智慧。很多孩子经常说一些让人觉得没有由头的话，或者做一些违反常规的事情，这时父母通常会认为孩子很无聊。事实上，当父母认真倾听孩子的话语，仔细观察他们所做的事情时，就会发现其中的智慧闪光点，而孩子内心纯净的智慧反过来又能激励父母。孩子们的智慧值得每一位施教者思考。

尊重孩子，就要尊重孩子的喜好。有的孩子喜欢唱歌、绘画、书法，父母通常会努力培养他；但有的孩子喜欢舞刀弄枪、喜欢泡水坑、喜欢玩沙子等，父母就会觉得这种兴趣毫无意义。其实，孩子的个人喜好是一个特殊而神秘的过程，在这个过程中，孩子可以体验到秩序、和平、自我挑战和成功的喜悦。

父母都希望孩子过上安逸的生活，但孩子不会在安逸的生活中成长，所以父母必须给孩子自我探索的空间，体验生活中的各种情感。即使孩子做了一些让他自己感到后悔和痛苦的事情，父母也应该在衡量风险之后，尽量尊重并鼓励他完成这段人生经历。

总之，父母要充分尊重孩子，这是孩子诚信教育的客观要求。被满足这种客观要求的孩子，就会充满信心，不再撒谎骗人，从而逐渐养成诚信的优良品质。

（2）责任感：诚信品质的内在要求

责任感是指一个人对自身角色及其义务的一种认识和情感体验，它是一个真诚的人的显著标志。对自己负责不自欺，对他人负责不欺人，是一个人受到别人尊重与信赖的基本条件，也是社会健康、稳定的动力。因此，重视对孩子责任心的培养，从身边力所能及的小事做起，这有助于诚信品质的养成。

责任与诚信是相辅相成的关系，责任必须在诚信的基础上才能履行。建立起诚信品质，才能担当一定的责任。“言必信，行必果，果必信”“一言既出，驷马难追”“言行一致，表里如一”等，这些名言既体现了诚信，也体现了责任。

（3）榜样：诚信教育的实施前提

如果父母诚实、正直、守信、正派、富有爱心，那么他们的孩子也会具有同样的品质。以身作则是诚信教育的前提，要想教育孩子诚实守信，父母必须率先做到。

有的父母认为，给孩子讲诚信的道理就是诚信教育；有的父母认为，自己的不诚信行为只要孩子看不到就不会影响诚信教育。不要以为在孩子面前灌输一些诚实的伟大真理，孩子就会学会诚实守信；不要以为在孩子面前说一套而自己在背后做一套，孩子因为没有看穿所以会有诚信的行为出现。孩子是有思想的，他们经常根据现实做出选择。因此，家长要经常检查自己的言行，从日常生活中的小事做起，为孩子树立诚实守信的正面榜样。只有这样，孩子的诚信教育才能有效。

（4）实践：诚信品质形成的关键

诚信不是单靠说教能够培养出来的，实践很重要，通过孩子的亲身实践，才能真正培养诚信品质。首先，父母要树立诚信的榜样，通过讲述诚实守信的小故事，使孩子有正确的道德认识和判断，进而使孩子产生良好的道德情感和行为。然后，通过反复实践，从孩子身边的小事比如守时、不撒谎、讲信用等慢慢做起，使认识升华为信念，使偶然的诚信行为变成必然的诚信习惯。

在孩子的诚信实践过程中，父母要起到向导和引领作用。比如为了培养诚信而做一些活动，父母在设计活动时，要考虑到活动应符合孩子好动、好奇心强、喜欢新鲜的心理特征。在活动的过程中，要借助活动之外的其他方式包括技术手段，让孩子在活动中得到体悟，可以收到事半功倍的成效。以读书活动为例，过程当中不仅是让孩子读书，最好能在读的过程中积累有关诚信的名言、格言、谚语，然后摘抄并做成小卡片，以便事后有所感悟，也便于同伴传阅，更重要的是让孩子在实际生活中践行。如“一言既出，驷马难追”“一诺千金”“言必信，行必果”等，都可以从中感受到诚信的内涵。这些做法，胜过苦口婆心的说教百倍千倍。

（5）适当批评和表扬：助力诚信教育的实施

适当的批评和表扬，可以助力诚信教育的实施，并使诚信教育效果更好。批评孩子是家庭诚信教育中必要的手段，但要行之有效，必须学会批评的艺术。父母首先要弄清楚孩子不讲诚信的深层次原因，千万不可盲目地批评。在此基础上，还要及时对孩子进行专项批评，防止该项不诚信行为继续发生。其次，批评时要让孩子心服口服，不要用粗暴如讥笑、嘲讽的方式来对待孩子，这是对孩子的极大不尊重，势必会将孩子推向不诚信的深渊，下次就会编出更大的谎言来骗你。

除了适当的批评，及时的表扬也是必不可少的措施。心理学研究表明，适当的表扬对于塑造孩子行为和培养其良好的品德有着举足轻重的作用。因此，当孩子表现出诚信行为的时候，父母一定要给予及时的表扬，比如对孩子说："你真是个诚实守信的孩子！"孩子听了这话，心里一定很高兴，并进一步严格要求自己，继续做诚信的事情，以赢得更多的赞美。

3. 学校是学生诚信品质教育的主阵地

有一位老师，在他刚做班主任的时候，班上有段时间经常发生丢东西事件，要么是这个同学的钱丢了，要么是那个同学的饭卡丢了，甚至生活委员收的学生餐费的钱也丢过。经过仔细观察和调查，老师认为是被学生“拿”走了。该怎么办？老师认为，既要帮助“拿钱”的学生改掉坏习惯，又不能伤害他的自尊，所以老师决定开个班会。在班会上，老师首先举了几个由于不诚实而造成严重后果的例子，然后重点分析了自己上学时也有这种行为及其影响，尤其说到了“没人想成为同学们的笑柄”这句话。最后，各组同学围绕“这种行为会对你造成什么影响”进行讨论，然后让同学们自由发言，说出自己愿不愿意交这样的朋友，场面很热烈。班会结束的时候，老师问同学们说，如果这个同学把“拿的钱”还回来，同学们会原谅他吗？同学们异口同声地说“会”。老师接着说，那么我们给这位同学三天的时间好吗？同学们都说“好”。结果就在第二天，丢东西的同学高兴地跑到老师跟前说：“老师，钱（饭卡）回来啦！”从此，这位老师的班里再也没有丢过东西。

故事中的老师采用班会讨论的教育方式，避免了单一对话对学生心理造成的负担和压力。在整个班会教育过程中，老师没有使用过一次“偷”“盗窃”等敏感词汇，让学生感受到了老师的真诚。通过这样的活动，促进了全体学生诚信意识的进一步提升。

诚信教育是学校素质教育中最重要的内容，因为诚信是一切优良素质的基础，是做人的根基。然而，一个不可回避的现实是，在我们的校园里，一些违背诚信的行为屡见不鲜，如抄袭作业、考试作弊等，手段多种多样。如此严重的现象，使很多学生把它视为一种“正常现象”，而学校也没有将学生的这种行为与诚信或个人道德相联系，这反映了学校诚信教育的不力，因此培养学生的诚信素质就显得十分重要。学校是学生生活和学习的地方，它应该成为学生诚信素质教育的主要阵地。当然家庭在这方面的影响也不容忽视。

（1）老师以身作则，引导学生诚实守信

俄罗斯著名教育家尼古拉·加夫里诺维奇·车尔尼雪夫斯基

说:“要把学生造就成什么人,自己就应当是什么人。”因此,老师应当以身作则,树立榜样作用,做到以身立教、以德育德、以行导行,用爱和诚感染学生,用言和行引导学生,用自身的诚信度来为人师表。

在教育教学实践中,老师对学生的影响作用是十分明显的。学生的可塑性很强,模仿是他们比较突出的心理和行为特点,老师的一言一行,无不对学生产生巨大的感染力。老师就是学生的榜样,在开展诚信教育的过程中,首先要公正刚直,言而有信,以身作则,言传身教,要使学生感受到老师的“言必信,行必果”。这对学生的影响是至关重要的。

如果老师和学生说明天要做一次作业评比,或者明天检查背诵课文的情况,成绩好的学生将列成名单登上班级的板报。学生的学习积极性被调动起来了,结果到了第二天老师因为别的事情忘记了,或者老师说这句话本身就是为了促进学生努力学习,根本就没有计划实施,这些都是不可取的做法。在学生心目中,老师的形象是高大完美的,而老师没有将成绩好的学生名单登上班级的板报的行为,会使学生认为老师不讲诚信,说话不算数,学习的劲头、积极努力的思想就会松懈,更会使学生有一个“可以不守承诺”的错误认识,久而久之就会养成不守信的坏习惯。

如果要求学生提前两分钟进教室，自己就应提前到教室。如果因为自己没先来，或者来了忘记带教具或学生的作业本，就应在课堂上当着全班学生的面承认错误，并用行动如做下蹲动作等进行自罚，让学生看到一个违约者应有的态度和行动，用自己的行动教育学生要诚信。否则，老师在学生的心目中就容易失去威信和诚信。

所以，每一位老师应该改掉忽视诚信和有失诚信的毛病，要求学生做到的，自己一定先做到。说到做到，严于律己，以身作则，这样学生自然会以老师为榜样，力争做一个诚实守信的学生，我们的诚信教育也就达到了预期的目的。总之，老师的一切都是承诺，一切都是榜样，一切都在熏陶和影响着学生。

（2）营造坦诚的班集体氛围，促使学生诚实守信

班集体的教育环境对学生人格的形成有很大的影响，它在不自觉地影响着学生的思想道德水平。因此，在班级的日常管理中，老师要努力营造良好的班级氛围，充满友好、民主、和谐的班集体，有利于学生的成长。这就要求老师要充分信任学生，与学生形成坦诚、和谐的关系，让学生信任自己。

老师可以利用班级和小组开展批评与自我批评等活动，让学生有机会反省自己。老师可以自己带头总结近期工作的得失，也可以

让学生提出意见，以便让学生更清楚地了解老师，从而更有序地开展工作。这样才能充分得到学生的信任，让他们了解老师，真诚相待，和谐相处，形成知错纠错的良好氛围。例如，举办“诚信主题班会”，让学生了解诚信的重要性，认识到诚信是人生道路上永恒的道德标准，增强学生以诚待人的意识，提高学生的道德修养。并以此活动为契机，让学生知道，走到哪里就要把诚信带到哪里，让诚信的种子在学生心中生根、发芽、开花、结果。

老师可以通过班级环境布置来强化诚信教育。环境是班级文化建设的“硬件”，环境的布置包括班级的黑板报宣传、小报的设计和布置、名言警句的张贴、花草的摆放等。例如，可以利用班级的板报和教室四周的墙壁，营造出整洁清新、充满美感、具有浓厚诚信文化的氛围，使班级环境成为建设勤学乐读、团结友爱、诚实守信的班集体的无声力量。如征集并张贴班训及有关诚信的名人名言等，浓郁的诚信文化氛围，将是推动班级发展的无声力量。在布置班级环境过程中特别要注意美观、整洁、大方和及时更新，以发挥良好的激励作用。

总之，一个坦诚的环境，能使学生畅所欲言，没有压抑感，促使学生从坦诚的环境中感受到正面、积极的引导，进而建立诚实守信的品格。

（3）扼制假话，帮助学生养成良好的行为习惯

没有人是完美的！日常教育侧重于预防，当发现有学生说谎时，要及时加以控制，通过将心比心的教育加以纠正，引导和鼓励学生尊重自己，积极主动。同时，要对学生诚实正直的行为给予积极的肯定和鼓励，让学生感受到诚实是会被表扬的良好品质。课堂上没有说谎的“条件”，学生会发现说谎是可耻的。这样的环境有助于学生养成正直的品格。

为了帮助学生养成良好的行为习惯，尤其需要加强诚信制度建设和日常诚信教育。

老师可以根据《中小学生守则》和《中小学生日常行为守则》以及学校对学生诚信的要求，讨论制定《班级公约》。根据进度填写“诚信卡”，建立诚信档案。班级诚信制度是充分发挥学生主体精神的重要途径，因此在班级管理中要让班上的每一个学生都有事可做，人人都有责任，人人都有平等的权利和义务，把每一个学生的表现都纳入信用评价体系，比如建立信用档案，由老师保管。当然，由于学生年龄和心理特点的限制，不可能进行一两次诚信教育就有明显效果，诚信制度的制定和执行是一个长期的、反复的、逐步完善的过程。特别是在制度落地实施过程中，老师要加强检查和

监督，坚持“多表扬少贬损”的原则，正确、及时地评价学生在活动中的表现。比如，为了激发学生的诚信积极性，评选周的“诚信之星”、月的“诚信之星”、学期的“诚信之星”等。

在日常诚信教育上要做到以下几点：一是因材施教。这是教育工作的原则，要求老师全面深入地了解学生的年龄特点、气质类型、性格特点，以及能力、家庭条件等，对这些情况了如指掌，才有助于解决实际问题，激发学生的道德要求，形成良好的道德品质。二是注意群体中个体的影响。人的行为，无论是外表还是心理，与周围的人相一致，才能在心理上得到平衡，这是由人的心理倾向引起的。同样，要在课堂上树立正确的舆论导向和集体意识，营造良好的集体氛围，让学生感受到群体中的每个人都这样做，使个体和群体一致，使学生的道德行为得到升华。三是通过多种形式对学生进行宣导，使学生辨别是非，提高认识，加强道德修养。通过情感交流和认知认同来达到诚信教育的目的。

（4）树立诚信典型，发挥榜样的力量

英国哲学家约翰·洛克认为，选择榜样的原则是选择那些与学生“应该做的事情”相关的榜样。处于成长过程中的中小学生在学

业、德育、行为及个人成长方面“应该做的事情”有很多，所以老师应针对学生在特定阶段思想和行为中存在的各种问题，树立诚信典型，以发挥榜样的力量。

可以在每个班级评选出“最佳诚信学生”，评选的标准可以参考以下三点：一是平时待人接物诚实守信，不说谎话，遵守学校的各项规章制度；二是能够按时独立地完成各科老师留下的作业；三是考试过程中做到不抄袭。在评选之后，再让这些学生参加学校“诚信学生”的评选活动，在学生中形成人人争当诚信学生的热潮，可以收到非常好的效果。也可以在评选诚信典型的时候，让参选者介绍自己，有特色的自我介绍也是一种展现自我的方式。

（5）利用课程资源，培养学生的诚信意识与信念

学校中的许多课程除具有广泛的工具性之外，还有极强的人文性，比如语文课，可以说是生命之声，是文化之本，是人的精神家园，其中的诚信教育素材是非常丰富的。例如，语文课本中《中彩那天》，这篇文章虽然篇幅不长，却告诉我们一个深刻的道理：一个人只要活得诚实，讲信用，就等于拥有了一大笔财富。这样的教材利用好了，对培养学生的诚信品质大有教益。充分利用丰富的课程资源，可以培养学生的诚信意识与信念，让学生明

白诚信品质的内涵。

利用网课资源，也可以开展线上诚信教育。比如2020年“新冠”疫情暴发后，网课成为开展教学的主要形式。在上网课过程中，可以锻炼学生在没有老师面对面教学的情况下认真学习、整理笔记的能力，做到诚信学习无欺骗。老师也可以组织开展线上诚信教育主题班会等活动，要求学生不可马虎大意，要认真对待疫情防控，积极做好“少出门，多通风，勤洗手，戴口罩”等防控要求。同时要求学生及时查看各类防疫工作通知，主动配合学校和社区如实做好各类数据填写申报，做一名诚信的学生。还可以制作诚信主题PPT，结合防控形势和不诚信抗疫行为警醒学生，瞒报、虚报抗疫行为不仅违纪，甚至违法。

第三章

CEO 自信品质培养：把自信的种子种在孩子的心中

自信是一种情感体验，对于孩子而言，从小就建立起良好的自我评价系统，树立自信，会为他将来成功度过一生，打下坚实的基础。许多成年人的拘谨都可以追溯到孩童时代，一个人的拘谨在儿时得不到解决，就会影响长大后的发展，因此要把自信的种子从小就种在孩子的心中。首先要给予孩子充分的关注、爱及权利，并鼓励他们去尝试，更重要的是从小培养孩子的自信心，并注重加强抗压能力方面的训练。

1. 培养自信品质，先要撒下自信的种子

小明（化名）是一名六年级学生，长期以来都缺乏自信。老师经常让学生一起登台展现自己，同学们都争先恐后地用自己独特的方式表现自己，小明每次都在舞台的一边使劲揉搓衣服下角，完全不知所措。小明对学习的态度也很不在乎，每天放学回家都不知道老师布置的作业是什么，在父母的催促下才去打电话问同学作业的内容，课堂表现就更不用说了。小明的妈妈也试图改变孩子的这种状态，可怎么做都没有效果，担心是不是孩子精神上出了什么问题。无奈之下，小明的妈妈对心理咨询机构进行详细了解之后，决定寻求心理咨询师的帮助。

心理咨询师雅舒（化名）得知小明在小时候的表现还相对外向，是上学后逐步发生了变化，因此大致可以判断小明不自信

的表现不是孩子先天气质类型的因素导致，很可能是亲子关系出现了问题。于是，雅舒围绕改善亲子关系做了一段时间的疏导工作。

雅舒第一次见到小明，发现孩子看起来很温顺，戴着小黑框眼镜，头发柔顺，是那种“韩范儿”小少年的样子。在妈妈的引导下，小明很有礼貌地跟老师打了招呼，然后略带拘谨地坐在沙发上，双手叠在一起。很显然，孩子比较紧张。妈妈回避后，雅舒开始正式疏导，从业余爱好开始，孩子慢慢打开了话匣子，小明整个人的状态也越来越放松。第一次疏导工作结束时，小明表示很舒服，脸上有了微笑。这样耐心而科学的疏导工作，雅舒前后做了10次，从第一次谈论业余爱好的话题开始，到跟孩子探讨关于批评的话题，再到男女同学的交往、学习上第一次受到语文老师的表扬、内心对于数学课和英语课的困惑与厌烦、借助遗忘曲线讲解学习问题、性格的变化、开始在数学课和英语课上抢答问题、考试时不再紧张，等等，取得了显著效果。在整个过程中，雅舒都保持着跟小明父母的密切沟通，并就他们跟孩子的相处方式进行了指导。小明的父母都很开明，而且因为孩子实实在在地变化着，所以都特别配合指导。10次疏导工作结束后，小明已然有了很大变化，成为一个略带调皮、自信而又灿烂的小少年。后续的效果也不错，小明的自信品质已经逐步建立起来了。

在这个故事中，心理咨询师抓住亲子关系这个核心，通过疏导加以改善，这是小明能够改变并长久保持下去的一个重要因素。小明的父母在整个过程中的表现也是值得很多父母学习的。有些孩子的父母在与老师沟通时不够配合，这其实不只是心态问题，也是方法问题，更是认识上的问题。家长要学习并掌握一些心理学知识，更好地了解孩子的需要，以培养健康的亲子关系，这对孩子建立自信心非常重要。

孩子不自信的根源在家长身上。比如，家长的过高要求及攀比心理会阻碍孩子自信心的获得；家长与孩子缺乏交流会影响自信心的发展；不良的家庭氛围压抑孩子自信心成长；家长的全权代劳间接磨掉了孩子的自信心；破坏式语言如“你简直是废物”“闭嘴，少说废话”“你又错了，真是无药可救”等摧毁了孩子的自信心。

人们常说：自信的人像太阳，照到哪里哪里亮；消极的人像月亮，初一十五不一样。要培养孩子的自信品质，就要注重给予孩子充分的关注与爱，尊重孩子应有的权利，并鼓励孩子去尝试。只有在孩子的心中撒下自信的种子，才能让孩子真正自信。

（1）给孩子足够的关注，让孩子感受到来自父母的重视

关键是利用一切可以利用的时间和地点，给孩子足够的陪伴和关注。比如在家陪伴孩子的过程中，保持与孩子眼睛平行地交流，这就等于在清楚地告诉他，你在认真关注他。陪伴和关注孩子，是使孩子建立自信心的一种有效方式。

高质量的陪伴和关注，不仅有利于建立和谐融洽的亲子关系，也有利于孩子自信心的建立。很多父母对孩子的表现没有足够的重视，直到他们发现自己的孩子越来越不自信。其实没有人天生自卑，那些不自信的人也并非一开始就不自信，多数是由于别人对自己的不好评价，或是对自己逐渐失去信心。因此，父母要多关注孩子的日常表现和行为，发现有什么异常的时候，多与孩子进行沟通，帮助孩子建立自信心。比如，换一个角度，走进孩子的世界，倾听一下他们的心声；及时鼓励孩子，使他们充满自信心等。

（2）无条件地给予爱，是培育孩子自信心的最佳土壤

父母要让孩子知道，不管长相如何、健康与否，父母都会爱

他，这是培养孩子自信心的最佳土壤。作为父母，应该把爱慷慨地给予孩子，让孩子知道你是多么爱他。无条件的爱方能增强一个孩子的自信心。

当你仅仅因为他是你的孩子而接受他的时候，孩子得益最大。所以慷慨地给予孩子爱，给孩子大量的拥抱、亲吻，轻拍孩子的肩膀，同时告诉他："我爱你，不论你是谁，或者你做了什么。"让孩子感受到你有多么爱他。当不得不纠正孩子的错误时，也要很清楚地让孩子知道，不是因为他，而是他的行为是不受欢迎的。不能说："你是个淘气的孩子！为什么你不能做得好一些呢？"而应该说："推倒小朋友是不好的，会造成伤害，以后不要推别人了。"

（3）给孩子选择的权利，让他赢得建立自信心的机会

让孩子在生活中学会选择，是孩子成长过程中必须学习的一课。父母要给孩子选择的权利，父母要适当引导，但更多的则应扮演评估或建议的角色。

让孩子自己选择时，最好让他在两种选择中做出决定。比如，穿什么衣服，用什么画笔；带孩子出游时，征求孩子的意见；给孩子购买衣物，让孩子自己挑选颜色和款式；逐渐让孩子自己掌握零

用钱，让他当家等。因为如果不加限制，孩子往往会不知道该如何进行选择。在自己的判断得到肯定时，孩子的自我评价也会大大提高。孩子在一次次为自己做主的同时，也一次次赢得建立自信心的机会。选择训练见成效时，孩子就能自己做出正确的选择，并且是自信地进行选择。

（4）鼓励尝试，支持孩子健康安全的冒险行为

父母总是“爱子心切”，为孩子做各种事情，剥夺了孩子自学的机会。很多事情都是为孩子安排好的，养成了孩子衣来伸手饭来张口的坏习惯。放纵和溺爱孩子，会使孩子更加依赖父母，缺乏锻炼的机会，从而失去自信心。因此，父母应该支持孩子在安全状态下探索新鲜事物，尝试各种体验。尽管这些冒险行为会有多次失败，但不去尝试就永远不会成功。面对孩子的失败，父母如果能在自己“保护”的愿望和孩子“冒险需求”之间找到平衡点，将会有利于孩子建立良好的自信意识。

信任孩子是鼓励尝试的一种体现，有助于孩子自主独立。父母应该充分信任孩子，让他多去尝试、探索，站在远处关注孩子成长。不少家长在孩子到达青少年时期，会觉得自己的孩子跟别人的孩子不一样，很大一部分原因是自己对孩子不信任，不敢让孩子去

尝试，以至于在别人的孩子面前显得缩手缩脚，不敢有更多的举动。这是不敢放手、管得太死的结果。

鼓励尝试，就要给孩子独立的空间，让他去成长、去独立，不要过分注意孩子的一举一动，否则他会有压力，也容易培养出孩子以自我为中心的心理。家长应给予孩子更多的“忽视”，让他独立去适应新的变化，培养自己的独立能力。当然，当孩子需要帮助时，父母要适当地给予帮助，但不是代替孩子去做。

2. 培养自信心，应从小时候开始

自信心是一种积极的心理品质，是人们开拓进取、向上奋进的动力，是一个人取得成功的重要心理素质。自信心在个人成长和事业成就中会发挥显著而积极的作用。这种心理品质应该从小培养，从家庭起步。

晨晨（化名）是一个4岁的男孩。无论是在幼儿园还是在家里，跟别人说话或者别人跟他说话的时候，晨晨总是看着别的地方，不愿意看着对方。这是一种不自信的行为。为了培养晨晨的自信心，晨晨的妈妈提醒他，在与他人交谈时，看着对方的眼睛和鼻子的三角区是一种基本的尊重。妈妈说："晨晨，说话的时候看着对方的脸，听你说话的人会觉得你很认真。如果你看着其他地方，会让人觉得你不想和他说话。现在我正在和你说话，你试着看着我。"晨晨点了点头，并看着妈妈的眼睛。经过不断示范，晨晨和别人说话的时候，开始会看看对方的眼睛，但只看了两眼就又看向别的地方了。

晨晨的妈妈开始带他做一些比较容易的事情，以进一步培养他的自信心。比如体育运动，每天在社区的小花园里跑一圈，最后加到两圈，在达到终点体会到成就感的时候，及时给予他肯定和鼓励，增强他的自信心，让他感受到自己能做到。妈妈还鼓励晨晨自己穿衣服，自己用筷子吃饭。这时，晨晨说话的时候基本可以看着对方，中间偶尔也会把眼神飘向别处，但总体改善了很多。妈妈继续努力，比如带他到人多的地方，比如学校小区食堂、运动场等，会及时肯定他做得好的地方，让他意识到自己也可以做到，增强他的自信心。一段时间后，晨晨已经可以大大方方地看着别人说话或者听别人说话了，基本上解决了说话不敢直视对方的问题。

在这个故事中，晨晨妈妈采用的是陪伴和鼓励的方式，能够在问题发生的当下帮助到孩子，但是没有持续的作用。妈妈过多地给予了帮助，所以不能帮晨晨建立持续的自信心。如果除了陪伴和鼓励，再学会让孩子自主地去解决问题，那么效果就会更好。事实上，当一个孩子能够在没有旁人的帮助下自己解决一个问题时，获得的成就感才是孩子形成自信心的内动力。对于孩子自己解决问题，父母可以给孩子反馈，说明这件事情父母也没有办法，建议孩子自己去解决一下。比如可以这样说："这件事情需要你自己来想办法了，等你弄会了，来教给我吧！"

从小培养孩子的自信心，对孩子的发展十分重要，有自信心的孩子才能有未来，因此父母要重视从小培养孩子的自信心。在这个过程中，父母要相信孩子，鼓励孩子，为孩子确定合适的目标，同时要加强与学校合作，家校相互配合，一起努力，使孩子成长为一个充满自信心、有坚强毅力和足够勇气的人，去克服人生道路上的种种艰难险阻，迎接各种挑战。

（1）相信孩子：孩子发展潜力巨大，每个孩子都有一颗向上的心

很多父母总认为自己的孩子还小，什么也做不好，这也不行，那也不行，不相信孩子。父母的这种认识和理解将会影响自己的教育态度和方式，直接关系到孩子的发展。事实上，孩子发展潜力巨大，每个孩子都有一颗向上的心。所以，作为父母，相信自己的孩子是至关重要的。

父母应该相信，孩子虽然小，但有很大的学习和发展潜力，这已经被现代科学研究所证明。相信孩子潜力巨大的父母，一般都能更自由地培养孩子。比如经常对孩子说："孩子，你能做到的！"孩

子都是根据别人的意见来认识自己的，只要父母认为自己能做到，就会有自信心，从而主动练习和动脑，敢于探索和尝试，实现快速发展。

父母还应该相信，每个孩子都有一颗向上的心，这也是非常重要的认识。父母有了这样的认识，就能在教育孩子的时候保持积极的态度，支持和鼓励孩子，使其始终保持乐观向上的情绪，对自己的发展过程充满信心。

信任孩子潜力巨大，信任孩子积极向上，这是对孩子的一种尊重，使孩子意识到自己是一个拥有独立人格的人。调动孩子做事的积极性，适时给予表扬，这样既培养了孩子对自己行为负责的品质，也培养了孩子的自信心。

（2）鼓励孩子：善于发现孩子的点滴进步和成功，给予适当赞赏

父母积极的教育态度对孩子影响很大，如果孩子生活在鼓励中，那他便会自信。事实上，孩子每天都在变化，都在进步，我们要善于发现孩子的点滴进步和成功，并给予适当的赞赏和鼓励。

父母要正确认识和利用好孩子的心理特点。我国著名教育家陈鹤琴在谈到儿童的心理特点时指出，儿童喜欢成功和表扬。比如，

一年级的孩子喜欢给父母看他的“作品”，希望得到表扬。在四年级和五年级，这种心理会更强。父母应该利用孩子的这种心理特点，无论孩子做什么，只要去做了，就应该给予肯定和鼓励，这样才能使孩子积累积极的情感体验。

鼓励孩子也包括接纳孩子的失败与不足，因为孩子是在错误和失败中学习的。因此，只要孩子努力付出了，家长就应该给予肯定和支持，以宽容的态度对待孩子的缺点。不要总是看孩子做得不好或不够好，如果家长总是在否定和批评孩子，会让孩子产生自卑感。

总之，每个孩子都有自己独特的地方，他们对自己喜欢的领域非常投入和自信。因此，父母要了解孩子的特点，善于发现孩子的优势，经常给予表扬和肯定，这是孩子自信和不断进步的源泉。千万不要一直谈论孩子的缺点，把缺点挂在嘴上，这会让孩子自卑。

（3）对孩子发展所确立的标准要适中，不能要求过高

如今，父母对孩子的期望和要求普遍很高，这是可以理解的，但不能有超出孩子身心特点的期望。父母要考虑孩子自身的特点和能力，确立适应孩子发展的标准，不能主观上用过高的标

准来要求孩子。如果孩子达不到标准，反复失败，就会产生挫败感，积累“我做不到”“我不行”等消极情绪，最终导致自信心的丧失。

有些父母在教育孩子的时候总想一步到位，这也是不现实的。父母渴望成功，但不能忽略孩子的发展是一个渐进而曲折的过程。例如，当要求两三岁的孩子自己吃饭时，他们经常会把食物撒得到处都是。这时，父母不仅不该责怪孩子，还应该鼓励孩子说：“宝宝真能干，可以自己吃饭！”同时，要有耐心，教他如何吃得更好。我们应该知道，孩子做事的时候永远是从不会到会，从勉强做到做得好，这是发展的规律。过高、过急的要求都不利于孩子的发展。

还有一些期待孩子成功的父母往往希望自己的孩子比别人好，习惯于做横向比较，却很少教导孩子自己和自己比，看看自己进步的地方在哪里，也没有教导孩子如何“向内看”，看到自己的力量。例如，一些父母去学校看孩子的活动，每当他们发现自己的孩子比别人差的时候，就会对自己的孩子说：“看，某某唱得比你好！”“某某画得比你好多了！”其实，每一个孩子在发展的速度和方向上都存在着明显的个体差异，孩子越小，这种个体差异就越大，并且每个孩子在发展中也有自己的长处和短处。只有孩子相信自己是独特的，他才可能创造出自己所独有的价值！而把自己孩子的缺点和别人的优点进行比较，既不科学，也很虚荣，更伤了孩子的自尊和自信，没有一点值得肯定的地方。

父母在孩子每个阶段都会抱有不同的期望，这其实也是帮助孩子确立适合他自己的目标。但如果家长期望过高，设定的目标超出了孩子能达到的极限，他们很容易产生挫败感，失去自信心。也不应该把目标定得太低，否则孩子很容易达到目标，就可能变得骄傲甚至轻率。

（4）家校合作，共同培养孩子的自信心

在孩子成长过程中，学校教育与家庭教育密不可分，二者相辅相成。通过家校配合帮助孩子建立自信心是必不可少也是行之有效的方式之一。老师和家长要经常沟通，密切配合，取长补短，形成合力，促进学生身心全面发展。特别对那些缺乏自信心的孩子，更需要家校相互配合，协同教育，培养孩子的自信心。

萌萌（化名）是个自卑的男孩，他认为自己很蠢，因为其他学生可以在一节课上背诵一篇课文，但他不能，每次考试成绩也总是在 70 分左右。刚上初一的时候，妈妈带着萌萌去学校报到，并向班主任和其他老师详细介绍了萌萌的情况，希望他们多关注萌萌，萌萌进步时多表扬、多鼓励、多称赞他的优点，并及时告

诉她萌萌在学校的情况。老师们接受了萌萌妈妈的叮嘱。在课堂上，老师不断给萌萌表现的机会，并在萌萌回答问题后当场表扬他。慢慢地，萌萌开始变得活泼开朗，成绩也有所提高，自信心也大大增强了。

有一次，班上组织作文比赛，其他同学积极参加，但萌萌没有报名。于是，老师打电话告诉萌萌的妈妈。晚饭后，妈妈对萌萌说："儿子，我今天在路上遇到了你的同学，听说你们班要举行作文比赛，是吗？"萌萌点点头。妈妈接着说："你要争取这么好的机会。"萌萌说："可是我的作文不好，报名后我不会得奖。"看到萌萌很消极，妈妈摸着他的头说："儿子，妈妈希望你参加学校或班级举办的活动，不是为了让你领奖，而是希望你在活动中成长，让妈妈和老师更喜欢你。"萌萌听了妈妈的鼓励，点头说："好的，妈妈，我明天就报名。"

第二天早上，妈妈打电话给老师，告诉老师萌萌已经同意报名参加比赛了。一周后，作文比赛的结果出来了。尽管萌萌没有获得前三名，但老师还是给了他一个"优秀奖"。他的作文《妈妈也是我的好老师》在班上被老师读了一遍，并鼓励同学们学习萌萌对妈妈的感恩之情。同学们报以热烈的掌声，萌萌自豪地笑了。

在妈妈和老师的共同努力下，萌萌终于走出了自卑的阴影。

这个故事告诉我们：在发现孩子自卑后，父母应以平和的态度和温暖的话语安慰孩子，帮助孩子总结经验，重整旗鼓，并争取得到老师的积极配合，对孩子的闪光点给予鼓励和表扬，一般都能取得好的效果。

3. 训练抗压能力，培养自信自强的性格

晓晓（化名）是一个从小学到初中都很优秀的女孩。小学时，全优生证书、优秀毕业生证书、钢琴九级证书、书法五级证书等各类证书频频给父母带来惊喜。初中时，老师非常认可晓晓的表现，并在众多优秀学生中选她为“三好学生”，中考时她的成绩也十分优秀。高中时，晓晓享受了三年的免学费待遇，也得到了同学家长的羡慕，这让她父母感到，有这样一个优秀的女儿是上天的恩赐，沉浸在鲜花和掌声中的父母却忽视了晓晓的心理健康。事实上，在鲜花和掌声中成长的晓晓始终承受着巨大的压力，因为她不能容忍自己的不完美，否则就对不起那些赞美自己的人。

晓晓抗压能力低，表面上看是来自老师和父母的过高期望，其实最大的压力可能来自她自己，即完美主义的压力，所以她输

不起。

事实上，没有人不是从挫折和失败中成长起来的，但现在的孩子很难获得失败的机会。因为父母总是扮演“救世主”的角色，尽一切可能帮助孩子“避免走弯路”。过度的关心和放纵导致了孩子的依附心理和不成熟。父母应该知道，经历失败是孩子成长和成熟的必要过程。帮助孩子避免失败的痛苦，不仅剥夺了他们宝贵的成长机会，也剥夺了他们自己克服逆境的意识和信心。因此，家长需要培养孩子的抗压能力，培养孩子的自信心和自强能力。这样，当父母有一天不能陪伴孩子时，孩子不仅可以为自己负责，还可以承担来自家庭、工作和社会的责任。

（1）帮孩子树立切合实际的奋斗目标

现实中，一些意志力薄弱的孩子，无论做什么事情都不会觉得有趣，容易被周边的人讨厌，并且经常给别人添麻烦，但却不知道自己已经给别人带来困扰，被同伴排斥。因为意志力薄弱，所以没有目标，即使有也会很容易放弃，到最后会因为没事可做而感到无聊。事实说明，没有目标，就没有奔头。

帮助孩子设定目标，首先要了解孩子的内心。只有了解孩子的想法，才能更好地引导孩子。有的家长认为不应该让孩子输在起跑线上，如果孩子晚几天认字，那就是一个很大的错误。还有的家长认为，孩子现在不优秀，将来也不会有伟大的成就。事实上，人生不止一条起跑线，任何时候人生都有不同的起跑点。

在了解孩子的具体情况之后，要根据孩子的实际情况确定目标。目标不能定得太高，这样孩子才能实现。如果家长要给正常的孩子制定一个非同寻常的标准，等于是在揠苗助长。孩子达不到这样的高目标，就很容易放弃，从而慢慢失去自信心。根据孩子的能力设定目标，孩子就不会再对目标感到厌烦，可以围绕目标自信地做应该做的事情。同时，目标要具体，内容要少，不要一下子定得太高，否则会很难树立自信心。需要强调的是，孩子每达到一个小目标，父母都应该及时予以肯定，这样孩子就会增加一分自信，增加一点自强精神。

（2）在日常生活中培养孩子自信自强的品质

有些父母认为在生活中为孩子服务，让孩子把时间花在学习上是好事。这样一来，孩子将会变得越来越依赖。依赖是自强的敌人，所以一定要让孩子摆脱依赖，在生活中学会自信自强。

要让孩子自信自强，可以从日常生活中要解决的每一件事做起。比如，可以组织孩子开展自助服务和集体服务的劳动，在这些活动中，培养孩子行为的坚持性、克服困难的能力、耐心等素质。随着时间的推移，可以磨炼出更高层次的意志和独立的性格。也可以让孩子承担部分家庭责任，对孩子的事情不要包办代替。做家务可以从很多小事做起，比如让孩子自己收拾行李，整理房间。一些关于孩子和家庭的事情应该得到孩子的同意，而不是任由父母安排，同时也要注意让孩子逐渐养成自己动手的习惯，因为孩子都渴望像父母一样处理自己的事情。

个人素质的培养、意志的锻炼，不是靠某一件事情突击完成的，而是靠日常生活的积累。民主的家庭氛围有利于培养孩子的独立性，比如当孩子按照自己的方式安排自己的房间、和同学们一起踢足球、参加团体活动时，他的主动性和自主性也可以得到加强。因此，我们应该在日常生活的各个方面为孩子创造机会，培养孩子自信自强的品质。

（3）教育孩子正确对待挫折，勇敢面对人生

孩子的成长必须经过各种考验，我们应该教育孩子在遇到挫折时不灰心、不丧气，总结教训，振奋精神，以极大的勇气去面对生活，面对人生。当然，这些道理，需要父母用孩子能听得懂的话来解释，也需要一定的时间让孩子去消化、摸索和成长。

在应对挫折时，父母应该告诉孩子，在人的一生中，挫折是不可避免的。面对挫折时，必须向挫折学习，要吸取教训，改正缺点，弥补不足，增强自信，才能取得成功。这些道理，家长应该在适当的时候向孩子渗透。另外，当孩子感到挫折时，父母不应责骂孩子，而应帮助孩子认识到困难不是绝境，让孩子在不快乐的事情中看到快乐的一面，帮助孩子看到生活的目的和意义。

挫折对孩子来说未必是坏事，关键在于孩子对挫折的态度，而好的态度取决于父母的精心训练。父母可以尝试做好以下几点：一是帮助孩子正确理解挫折，比如给孩子讲名人成功之前的挫折或自己小时候的挫折故事，让孩子明白人生中任何时候都可能遇到挫折，只有克服困难，才能成功；二是适当设置一些困难，让孩子经历挫折；三是教会孩子如何应对挫折，比如鼓励自我和调整目标；四是给孩子提供成功的机会，让孩子尝到成功的喜悦，获得自信；五是当孩子无法面对挫折时，家长用乐观情绪感染孩子，让孩子了解挫折与成功的关系。遇到挫折时不一定失败，没有挫折也不一定成功，关键是对挫折的态度。

困难和挫折是孩子成长过程中最好的大学，不经历困难和挫折就尝不到成功的喜悦。良好的承受能力、挫折后的恢复能力和不屈服于挫折的精神是成功人士不可或缺的品质。培养孩子的吃苦耐劳、抗挫折的能力是非常重要的。如果父母过分放纵，对孩子百依百顺，只会让孩子一次次失去自主成长的机会，使孩子缺乏面对挫折、战胜挫折的勇气。往后一旦遭受挫折，他们就会不知所措，难以恢复。承受挫折的良好心态，是在少时经历挫折并不断地解决困难的过程中磨炼出来的。

困难和挫折本身不是好事，但作为父母，应该学会帮助孩子把坏事变成好事，把挫折作为未来进步的动力。面对挫折，如果父母正确引导，可以激发孩子克服困难的勇气和力量，使他们在经历挫折的过程中逐渐成熟。

（4）让孩子学会承受来自同伴的压力

长久以来，父母总是担心自己的孩子会受到同伴的误导。其实，如果孩子的同伴能够客观、符合逻辑地分析事物，我们就不用担心孩子会被同伴误导。当孩子因为来自同伴的压力而感到恐惧的时候，身为父母应该告诉孩子：任何事情都有尝试的价值，并不是每件事都对我们有好处。但是，你要记住，如果一件事情是美好的、正确的，那你就应该坚持下去，不要因为别人的眼光而畏缩不前；如果是不好的、错误的，那你也不需要为了别人去尝试。

孩子面对来自同伴的压力时，父母要教会孩子用自己的眼睛去辨别对错，并坚持自己认定的对错。如果在某一天有同伴提出一起来做某件事时，孩子应该具有辨别的眼睛和说“不”的勇气与能力。同时，从小就培养孩子的领导意识，团结同伴同学、善于分享、自觉分担家长及老师分配的学习任务等。这样的抗压训练，对孩子建立自信心大有裨益。

（5）让孩子了解自己的长处，帮助孩子达到成功

孩子的成长需要父母给他提供展示力量的机会，只有展现自我，才能获得成功感，增强自尊和自信，抗压能力也将逐步提高。因此，家长应该让孩子知道自己的长处，并让他展示出来，如整理衣服、看到别人就问好、手工有创意、会讲小故事、遵守纪律，等等。当孩子有机会展示自己的优秀技能时，会受到父母和老师的表扬，也受到同龄人的喜爱。而孩子自己也将更有信心，今后继续努力，不断取得成绩，不断证明自己的实力，不断增强自信心。

用过去的成功经验鼓励孩子也能提高抗压能力。这一点很重要，因为成功的经验可以最大限度地激发一个人的成就动机，增强其克服困难的信心。当孩子面临新的挑战时，父母可以帮助他回忆过去类似活动的成功经验，离当前事件发生的时间越近，激励作用就越大。此外，为了鼓励孩子获得了成功经验，可以给孩子奖励，

比如给他一本新书、带他去看电影或带他去公园游玩等。

事实上，每个孩子都有成功的动机。无论有多少问题，他都渴望成功，希望能尝到成功的喜悦。父母应该有明确的责任和任务来帮助孩子取得成功，如可行的学习计划、劳动计划、具体的内容要求、考察方法等。我们都知道孩子的心理动力是自信，需要更多的鼓励和欣赏。如果孩子缺乏自强不息的精神，父母越责怪他，他就越不自信。在这一点上，所有施教者都要转变思维方式，从寻找孩子的缺点转变为寻找孩子的优点，从消极评价转变为积极评价，从责备转变为激励。一句话，成功在于积少成多，从小到大，孩子会在追求成功的过程中，培养出自强不息的精神。

第四章

CEO 独立品质培养：生存教育的根本在于培养独立性

独立性是指一个人“独立分析和解决问题的能力”，它是社会生存及进行创造性活动必备的心理品质，包括独立意识、独立能力和独立人格。独立性强的孩子做事时，目的明确，能主动地、有目的地去行动，而且有进取心以及克服困难的坚强意志。专家指出，生存教育的根本在于培养独立性，独立性的培养必须从小抓起，这也是家庭教育中很重要的部分。

1. 培养孩子独立能力的六大关键

欢欢（化名）从2岁起，父母就鼓励她独自睡在小床上。3岁时，她已经能够帮助父母做很多事情，比如摆盘子和筷子，搬凳子，扫地，学习包小馄饨。3岁半时，她进入了幼儿园，可以自己吃饭穿衣服。她在同学中也很有威望，因为她比其他小朋友思维敏捷得多，最重要的是她很勇敢。摔倒后，即使父母在附近，她也会自己站起来。别的孩子不小心碰到她，欢欢也不会责怪他们。

欢欢的父母曾对老师说过孩子喜欢做自己的事情，喜欢问“为什么”。他们也尽力让她去尝试自己能做的事，培养独立、勇敢、坚强的性格。比如，她2岁多的时候，经常说“我想”“我来”“我会”等，显得非常叛逆和不听话。他们知道，如果孩子这个时候就开始“以自我为中心”，长大以后会成问题。于是，他们读了一些相关书籍，也请教了专业人士，加强了这方面知识的学习。后来再遇到这种情况，他们就顺水推舟，开始“刺激”她说，‘好吧，等你长大了就可以，你现在就要长大了。”渐渐地，孩子开始自己睡觉了，又学会了自己穿衣服、脱鞋，还帮他们做一些家务事。欢欢现在上四年级了，思想很活跃，学习也很好。她善于运用头脑，在老师和学生眼中都很受欢迎。

从欢欢父母的描述中，我们不仅看到了孩子独立的需求，还感受到欢欢父母对孩子的有效指导和给予孩子适当的成长空间。正是由于父母的理解、放手、鼓励和认可，欢欢才能够真正独立起来。

晓欣（化名）是一名小学四年级的 10 岁男孩，但他至今仍然和妈妈睡在一起，因为他怕黑，上厕所时甚至需要妈妈陪着。妈妈为了他读书，每天晚上都很辛苦地在旁边盯着，不盯着他就不读书，连书名都不看。他似乎对考场上的事情一无所知，洗澡、起床也都要妈妈陪着才行。

晓欣的妈妈曾经对老师说：“孩子胆小，身体也不太好，他爸爸和我都很爱他。孩子上幼儿园时，我们担心他会吃亏，总是把他送到离家最近的幼儿园。为了让幼儿园老师尽快接他，我们不得不向老师求助。到了学校，他不会穿带鞋带的鞋，所以我把鞋换成了有弹性收口的。怕他每天睡得不够，我总是在他上学的最后一刻把他从床上拉起来，然后帮他穿衣洗脸。我家有明确的分工，孩子的爷爷负责背书包，奶奶负责送饭，爸爸负责购物，我负责家庭作业和早上叫起床。总之，晓欣是家的中心，所有人都为他忙。但不管我们有多忙，晓欣只是站在一边看着，在那里等待。”

晓欣妈妈的描述令人忧虑，像晓欣这样的孩子，如果不及时调整懒惰和依赖，将来会像传染病一样蔓延到孩子的生活、学习甚至工作的各个方面。因此，培养孩子的独立性应该从小做起。只有在日常生活中学会自理自立，孩子才能独立成长。而晓欣却在父母所谓的爱中渐渐失去了原本属于他的成长地带。

上述正反两个方面的例子，都说明了培养孩子独立生活的重要性、必要性和紧迫性。在家庭教育中，如果父母对孩子包办太多，缺乏培养孩子独立性的意识，孩子缺少足够多的成长空间，就将对未来的发展产生极为不利的影响。培养孩子的独立能力，迫在眉睫！

（1）珍惜孩子的自我独立意识

心理学家指出，当孩子独立活动的要求得到成人的满足或支持时，就会表现出“得意”“快乐”“自尊”“自豪”等初始的自我肯定的情绪和态度；得不到成人的满足或支持，孩子就会出现消极的情绪和态度。因此，必须珍惜儿童的独立意愿，给予他们热情的鼓励和支持，不断发展其独立性。

在生活中，孩子对大人所做的事都很感兴趣，加上天生喜欢模仿，所以当他看见大人在干什么，也会跟着干什么。比如大人在叠衣服，他也要来帮忙；大人在扫地，他也抢着要扫；吃饭时他也想要自己吃；走楼梯时他不用大人扶……这些都是孩子独立意识开始发展的表现。

此时的孩子，可塑性最强，最容易接受教育，是培养独立性的最佳时期。虽然孩子做得不够好，比如会把叠好的衣服弄得乱七八糟，把垃圾扫得到处都是，还把饭粒满桌撒，但父母必须认识到，这是由于孩子的骨骼、肌肉系统及神经传导系统发展不够完善而导致的动作不协调。如果此时家长觉得孩子还太小，什么都做不来，反倒给大人添了许多麻烦，那么渐渐地就会让孩子形成依赖性，从而错过培养孩子独立性的最佳时期。孩子的依赖性一旦形成，再改正就很难了，甚至需要付出一生的代价。因此，在孩子独立意识刚有表现的时候，请一定要放手让孩子试一试。

（2）倾听孩子说话，使孩子感到你在尊重他

在孩子发表意见的时候，父母一定要认真倾听，同时要注意对孩子说话的口气和方式，使孩子感到被尊重。如果孩子正在说话或

表达自己的看法时，父母不问青红皂白横加斥责，就会深深伤害孩子的自尊心，培养独立品质也就成了一句空话。想要培养孩子的独立品质，会“倾听”很重要！

倾听是指身体前倾认真地听，侧着头仔细地听。身体前倾表示对孩子谈话的内容很感兴趣，侧着头表示注意听取孩子话中的词语。倾听是用身体语言表示你正在与孩子交流。

孩子一天天长大，逐渐有了自己的思想，我们只有通过倾听，才能让孩子养成独立思考并自己提出解决方法的习惯。倾听是与孩子沟通的基本方式，如果在沟通过程中总是以成人的思维方式去评判孩子所做的一切，孩子就会跟父母产生对抗情绪，导致彼此沟通困难。如果长期被倾听，就会让孩子觉得自己有提出意见的权利，这样，孩子遇到事情就会独立思考，甚至会提出解决问题的方法。

（3）要培养孩子的独立意识，就不要过度保护

现在独生子女越来越多，导致父母对子女的过度爱护，从而产生了过度保护的问题。例如，为了孩子的安全以及不信任孩子处理问题的能力，大多数家长很少给1岁以下的孩子提供练习坐、爬、站、走的机会，像这种过度保护和约束的做法，实际上剥夺了孩子积极探索和了解外部世界的机会，阻碍了孩子的心理发展，极大地影响了孩子

独立意识的培养。如果没有过度保护孩子，也许孩子会更加独立。

要培养孩子的独立意识，首先要相信孩子有自己处理问题的能力，不要过度保护，最大限度地鼓励孩子独立活动的意向，并提供足够的空间，解放他们的手脚，让他们做一些力所能及的事，培养其独立自主性，为形成良好个性打好基础。在欧美国家，父母主张从小就培养孩子的独立意识，孩子一出生就让他独宿一室，极少与父母同住。孩子学走路时跌倒了，他们不会去扶，而是鼓励孩子自己爬起来。这是一种非常明智的做法，值得我们学习。

（4）从游戏活动入手，培养孩子的独立意识

游戏是孩子最喜爱的活动也是基本活动，最能发挥孩子的主动性，它不仅使孩子已有的知识经验得到再现，而且为孩子各种能力的培养提供了条件。孩子会在游戏过程中逐步养成独立意识，培养独立能力。因此，培养孩子独立意识，从游戏活动入手是个很好的切入点。

对于孩子的游戏活动，父母通常采用两种方法：一种是不参与游戏的实践过程，而是为孩子的自主活动提供丰富的玩具和素材。在游戏中，孩子是独立和自由的，父母对活动不作严格的安排，孩子自己选择玩什么和怎么玩。另一种是参与游戏实践过程，但只做

孩子的伙伴，不操纵游戏过程，以发挥孩子的自主性和能动性。孩子可以在游戏中自由地玩，父母以游戏伙伴的身份参与游戏，并以饱满的情感影响孩子，对孩子的活动表示支持和认可，为孩子营造宽松、民主、自由的游戏氛围。

当然，在游戏活动中，父母并不是完全放任的，而是应该做到心中有数，根据平时观察和了解的孩子活动特点进行相应的指导。当孩子在活动中遇到困难时，父母可以积极鼓励孩子自己想出克服困难的方法。允许孩子在活动中失败，但要鼓励孩子不放弃再次尝试，孩子就会在一次次尝试的过程中，获得独立意识，发展独立能力，从而体验克服困难后的快乐。

（5）通过分解动作，培养孩子"方法论"意识

所谓分解动作，就是父母将孩子做事的动作分解开来，分成一串精简、有序的动作，然后一步一步讲解给孩子听，并通过练习达到熟练程度。以吃饭为例，可能在开始独立进餐时孩子并不知道怎样拿勺，怎样往嘴里放，父母可以将吃饭的动作进行分解，再逐一教给孩子。分解动作的意义在于，孩子在动作中出现的秩序感和专注力，将使孩子形成"方法论"意识或者说"方法意识"。也就是说，通过动作分解的具体步骤，让孩子学习方法、掌握方法和运用方法。

为了培养孩子“方法意识”，父母不应该教给孩子一成不变的定式，而是要教会孩子如何选择最合适的方法。因此，对于同样的问题、同样的情况，必须有意识地启发孩子以不同的方式解决。例如，给孩子讲《乌鸦喝水》，可以问孩子，除了“填石头”，还有能喝到水的其他方法吗？如果没有足够的石头怎么办？通过发散思维，帮助孩子找出最有利的线索，形成灵活有效的方法论。这种教育方式极具潜能开发意义。

（6）必要的动作指导，会收到事半功倍的效果

孩子开始学习动作时，可能会不太规范。这时，父母如果可以清楚地示范动作并配以适当的语言讲解，就会收到事半功倍的效果，直观形象的动作可以很好地解释语言的意义。

以示范动作指导孩子的动作，旨在强调日常各种活动都必须建立在良好的基本动作训练基础之上，如抓、折、倒、夹等手部的工作，以使孩子肌肉的各种动作达到协调，进而训练整体的肢体控制能力，最后实现动作协调的发展。父母示范的动作需要设计，即所有动作都应符合孩子的特点，也应是孩子的最爱，从而使动作真正具有“示范”意义。以教孩子穿衣服为例，父母应动作轻缓，明确示范如何辨认衣服正反面，然后先穿一只手，再穿另一只手，对

齐两边衣襟，扣子与扣眼都要一一对齐，接下来由下往上扣，最后照镜子并稍作调整。有的父母则做不到这样的示范，他们大多是快速、不耐烦地教几次后，便让孩子自己去穿衣服，结果孩子因为多次做不好而丧失学习动力。示范就是展示规范，重在规范。不规范动作根本没有示范意义，而孩子却见样学样，以至于成了反面的示范，所以还是立即停止吧！

2. 培养孩子独立能力的五大要点

2020 年新冠肺炎疫情期间，河南焦作有一个 10 岁男孩叫曲恩泽，他的父亲是警察，母亲是护士。由于工作性质，两人都冲到了防疫一线，把他一个人留在家里。临走前，父母和他约定，要学会独立，照顾好自己。他自己做饭、做作业、上网课，当家里东西不多时，他就会戴上口罩和护目镜，一个人去购物，好好照顾自己。每天午饭时间，家里三口人都会用视频聊天，隔着屏幕互相鼓励，给予对方充分的正能量。

在别人眼里，这么小的年纪一个人在家太危险了。但曲恩泽的表现却超乎人们的想象！他说："我每天最开心的时候，就是吃午饭的时候，可以和爸妈视频通话。他们的工作是为了人民，我觉得爸爸妈妈是我学习的榜样。"网友们都说孩子太懂事了！的确，小小年纪就能把自己照顾得这么好，让父母感到放心，这说明孩子有很强的独立能力。

在这场残酷的抗击疫情战役中，有太多如曲恩泽父母一样的工作人员“舍小家顾大家”，奋战在抗疫一线，同时也有一些像曲恩泽一样的孩子独自留守家中。曲恩泽能够照顾好自己，但有的孩子却做不到，因为他们不具备独自面对生活的能力，可以想象这些孩子的无助和他们父母的担心与无奈。关键时刻，像曲恩泽一样能够独立生活的孩子真的很厉害！

其实，曲恩泽能够这么独立，并不是一天两天养成的，他的父母在日常教育中一定非常注重对他独立能力的培养。相比之下，很多父母对孩子的关爱已经到了溺爱的程度。他们并不重视或者根本不知道培养孩子独立能力的重要性，总是担心孩子太小，做不好事情。出于担心，也为了避免多余的麻烦，他们会大包大揽地帮孩子做很多事情。在这种情况下，孩子们会形成依赖。将来遇到事情的时候，就很容易六神无主、不知所措，无法承担责任。因此，父母给孩子的最好财富就是培养孩子的独立能力。

（1）要有耐心：及时鼓励，耐心帮助

培养孩子的独立能力是一项长期、烦琐、细致的工作，是对

父母耐心的最大锻炼，也是为人父母的一种独特的修行。孩子的独立能力，不是突然之间就形成的，是父母润物无声慢慢培养起来的，是在生活中一点一滴通过耐心地等待、陪伴和鼓励而建立起来的。没有孩子天生就乖巧懂事、独立自律，是在父母即使内心翻江倒海，表面也要保持风平浪静，慢慢教导的过程中培养出来的。

我们都知道要对孩子耐心，但却常常失去耐心。不耐烦的根源在于情绪失控，并对此不能自我批评，以至于让心情和脾气变得更糟。父母不能控制情绪，是孩子最大的悲剧，父母需要学会控制情绪。有情绪时，我们要接纳情绪而不是被它带着走，要给自己一些时间去消化，首先冷静下来，然后平静下来，进而静下心来，最后耐心解决问题。例如，当孩子做了不好的事情时，要耐心观察，仔细分析，找出原因，然后教给孩子正确的方法，及时鼓励，耐心帮助。要知道，孩子的独立生活能力就是这样从一件件生活小事中培养起来的。

（2）遵循原则：遵循由简到繁、循序渐进的原则

从孩子的身心发展特征来说，不同的阶段有不同的特征，而且

每个孩子的情况都不相同，应该在合适的时间培养合适的能力。所以，要培养孩子的独立能力，需要遵循由简到繁、循序渐进的原则，不能急于求成。只有这样，才能真正养成孩子良好的独立生活能力。

孩子所有能力的发展都需要经历从易到难、逐步培养的过程，独立能力也不例外。如果一开始就让孩子做特别难的事情，他就会不断地寻求帮助，拒绝自己动手，拒绝主动，并由此产生依赖、自卑的心理，这种挫败感会让孩子的独立能力逐步丧失。因此，由简到繁、循序渐进是必须遵循的重要原则。

例如，对待进入书面语言敏感期的5岁孩子，父母可以由简到繁地训练孩子写字，比如同时写“田”和“由”、“太”和“大”等，让他能精确区别字的细微差异；而对待一个比较愿意对自己的行为负责的8岁孩子，父母则可以有意识地让他自己收拾书包、自己整理房间等，并鼓励他建立自己的朋友圈，顺利度过心理依赖期。这种根据孩子不同年龄、不同特点而采取的教育方法，都有助于培养孩子的独立能力。

（3）自解困难：迅速集中精力、寻找办法

父母在培养孩子独立性的过程中，确实会遇到许多实际问题。

比如，当孩子遇到困难而放弃时，父母会出于心软而包办代替，这其实是不明智的。正确的做法是启发孩子，让他自己想办法解决问题。以后再遇到类似问题时，孩子就不会惊恐不安、不知所措，而是迅速集中精力、寻找办法。当孩子掌握了这种方法，平时就可以加大难度，有意识地培养他在有限的时间里找出解决问题方法的能力。

生活在穷困家庭的孩子，由于恶劣的生存环境使其不得不快速成长并养成独立生活的能力。现在生活水平普遍提高了，家长应想办法给孩子设置一些困难，让孩子去练习解决。当孩子独立做事遇到困难的时候，父母一定要鼓励他克服困难，要求他自己去解决，坚持完成任务，以培养孩子应对未来的能力和意志，特别是对那些依赖性比较强的孩子。

（4）晓之以理：攻城为下、攻心为上

在家庭教育中，“晓之以理”是一个行之有效的教育方法，尤其是在孩子五六岁以后开始懂事的时候，对他采取言教诲人的方式，摆事实讲道理，孩子一般都可以明白并接受。晓之以理的教育，乃是一种“攻心为上”的策略。因为晓之以理的根本在于爱心，施教过程中赋予了深厚的爱和纯贞的情，使孩子在教诲中得到关爱和温

暖，从而解其惑，通其心，正其行。

有的父母对孩子的教育或心情急躁，或态度粗暴，或听之任之，甚至视个性强、不易教诲的孩子为不化顽石。究其原因，心态是主要因素，没有正确的心态，自然也就无法做到晓之以理。晓之以理虽是一种诲人方式，但学问甚多，为人父母者应予以重视，认真研究，体会要义。

（5）协调一致：教育观念达成一致，教育过程相互协调

要培养孩子的独立生活能力，老师、家长需要协调一致，共同要求，反复强化，彼此形成稳固的联系，这样才能使孩子早日形成独立生活的能力。

就目前老师与学生家长的关系来看，大体上有两种情况：一是老师支配、家长顺从；二是由于老师和家长都拥有在某些方面、某种程度上的优势而彼此制衡。无论是支配与顺从还是相互制衡，实质上都是不正常的关系，亟须改善。而改善的目标就是老师和家长达成一致并相互协调。

在教育过程中能否进行相互协调，关键取决于老师和家长的教育观念是否能达成一致。教育孩子是学校老师和家长的共同责

任，学生在学校主要靠老师，在家主要靠家长。苏联著名教育家苏霍姆林斯基认为，这两者“不仅要一致行动，要向儿童提出同样的要求，而且要志同道合，抱着一致的信念”。因此，作为老师，应该主动把学生在学校的表现向家长汇报，把学生在学校发生的事及时和家长沟通，也通过家长主动了解学生在家中的表现，以便和家长在教育学生的观点上达成一致。而作为家长，也应该积极主动地与孩子的老师沟通，以请教专家的态度去拜访老师，提供孩子在家中的生活资料，接纳老师的想法和感受，对老师的做法要理解和支持。

3. 培养独立人格，重在让孩子学会自我管理

父母的千万句提醒，不如孩子学会自我管理！孩子的自我管理会伴随着家教深入骨髓，也会成为孩子自我气质、人格的一部分。培养孩子独立人格的一个重要方法是让孩子学会自我管理。从小教会孩子自我管理，是他们走向独立的重要一步。

（1）培养孩子的自我管理意识

培养孩子自我管理能力，首先要培养孩子的自我管理意识。有了清晰的认识，孩子就会自觉在认识指导下实践，在实践中把自己的需要和自我管理结合起来，从而进一步成长。

培养孩子自我管理意识越早越好。从蹒跚学步到具备独立思考意识，孩子的身心都得到了很大的发展。随着自我意识的

逐渐增强，自我主张也开始变得强烈起来，这是自我意识的萌发期。对于孩子的要求、干事的劲头以及他们的疑问，父母应该细心倾听，让他们顺利成长。尤其随着孩子年龄的增长，父母应当结合他们的生理和心理发展规律、情绪和社会性发展规律，通过多方面的训练来促进孩子自我控制能力的发展，从而帮助孩子全面发展自我管理能力。

父母应该帮助孩子认识到自我管理是促进个人成长和发展的重要途径。只有这样，孩子才能有效地管理自己的思想、观点和行动，自觉管理自己，最大限度地发挥自己的潜能。

（2）让孩子学会管理自己的时间

人对时间的感知是受大脑中海马体的影响的，新鲜的事物越多，海马体中要看要记的内容也越丰富，于是就会觉得时间过得慢；相反，在习以为常的事物环境中，大脑就会觉得时间过得快。孩子因为对什么事物都感觉是新鲜的，所以常常觉得时间过得慢。这是对时间的一种错误认知。

认知时间是管理时间的前提。只有让孩子正确认知时间，才能学会管理自己的时间。在这方面，日本作家高取志津香在其所著的《忍住！别插手！让孩子独立的自我管理课》一书中提出，要让孩子认知当前时间，也要认知过去时间。这两种方法，我们完全可以直接拿过来使用。

对当前时间的认知多采取游戏的方式。比如，不看表，让孩子根据环境来猜现在几点了；外出的时候看到高高的太阳，问问孩子现在几点了；让孩子自己估算完成一件事需要多长时间，然后再记录下来实际花费了多长时间；让孩子先自我感觉多久是一个小时，然后将闹钟设为一小时，看看和孩子自己的感觉有多大差距等。

对当前时间的认知则需要采取一定的训练，一般包括拆分时间、学会计划、习惯养成这三个步骤。

拆分时间就是教孩子在一天的活动中给自己不同的活动划分时间段。比如，几点到几点是做某件事的时间，然后把定好的时间段写下来，快要到时间的时候，提示孩子注意时间。

学会计划就是和孩子预演一个完整的制定计划的循环。先让孩子把脑子里想到的事都列出来，分成“想做的事”和“必须做的事”。然后根据事情的轻重缓急，给这些事情排序。适当取舍一些一时无法完成或不那么紧急和重要的事。为必须做的事情指定一个目标，并分配好专门的时间段。

习惯养成需要父母不断和孩子预演，因为好的时间管理习惯不是一两天就能养成的。通过和孩子不断地预演，使孩子形成习惯，进而自己去安排做事的时间，甚至还有可能在既定的时间段内提前完成所做的事情。这时父母要进行奖励，比如带孩子去游乐场疯玩一次等。孩子养成管理时间的习惯需要反复练习，才能成为习惯。

在孩子习惯养成的过程中，父母不要过多参与，可以利用等待的时间去做别的事，比如收拾一下某个小角落，清点一下自己的任务清单执行情况等。让孩子看到父母是如何珍惜时间，不让时间虚度的。另外，可以帮孩子寻找一些管理时间的工具，比如计时的钟表、沙漏、计时器、日历、台历、记事本、便利贴等，让孩子可以借助这些工具管理时间。

（3）让孩子学会管理自己的学习

孩子每天都有固定的上课时间、早晚自习课时间和写作业时间，这期间的学习任务大多已经由老师安排好了，孩子很难找到可以自由安排的时间来学习。在这种情况下，如果不注重培养孩子管理时间的能力，合理安排自己的学习时间，学习效率就会降低，孩子的自我管理能力也将受到很大影响。

刘菲（化名）是一名小学五年级男生，每天一到家，他就打开电视，看完电视就做作业。刘菲做作业经常做到很晚，常常到了晚上10点钟还没做完。刘菲的妈妈认为如果再这样继续下去，会严重影响孩子的健康和学习，所以对他学习和看电视的时间做了严格的规定。让他先做作业，然后再看电视，否则就惩罚，惩罚措施是减少零花钱。在严格的规章制度下，刘菲自觉克制自己，回家后先认真做作业，然后去看电视，有时作业太多就不看电视。慢慢地，刘菲学会了管理自己的学习时间。

很多父母都有类似的要求，让孩子先做作业后看电视，但只是说说而已，并没有采取具体的措施。相比之下，刘菲的妈妈是一位很有办法的家长，应该说她在对待孩子管理学习的问题上是聪明的。在孩子的学习过程中，家长也要注意，当孩子的学习与其他事情发生冲突时，要引导孩子协调学习与其他事情之间的矛盾，让孩子专注于学习，然后在此基础上做其他事情，这是学生应该做的。

当然，刘菲妈妈采用的是适合她的孩子的做法，其实还有许多具有普遍适用意义的做法。比如，上了一小时课复习两小时，避免长时间的学习等，这些都是可供参考的。

（4）让孩子学会管理自己的生活

孩子能否管理好自己的生活，是他们自我管理能力最重要的部分。如果一个孩子不能管理自己的生活，很难相信他会在其他方面更好地管理自己。日常生活中，只要孩子能做到，父母就不应该代替他们去做。

王辉（化名）小时候，妈妈总是为他做很多事情。他想试着自己穿衣服，但妈妈不同意；他想自己吃饭，妈妈坚持要喂他。到了5岁，王辉觉得自己能把一些小事做好，于是把自己的想法告诉了妈妈。妈妈感到很开心，所以让孩子开始自己管理自己的生活。当王辉6岁第一次穿上衣服时，他甚至把纽扣系错了，妈妈看到很想笑，但却称赞儿子做得很好。王辉7岁时，有一次看到一个邻居，王辉主动和邻居打招呼，说“叔叔好”，妈妈又称赞了他。王辉每次听到表扬时，都对自己做的事情多了一分热情。现在王辉已经是小学一年级学生了，妈妈一点也不担心他在学校的情况，因为妈妈相信儿子会好好照顾自己的。

王辉妈妈十分注意孩子成长过程中的每一个“脚印”，并且能让孩子知道自己已经长大，有能力管理自己的生活了。她的孩子正是在她的鼓舞下，学会了做自己的事情，能够很好地管理自己的生活。

让孩子学会管理自己的生活，就是让孩子在具体的实践过程中，知道什么事情该做与不该做，什么事该先做还是该后做，什么事应浅尝辄止还是应持之不辍。当孩子离开父母，由于他有了系统的自我管理经验，就能够在陌生的地方顺利求学或者工作。另外，将孩子的生活交给孩子自己去管理既省时又省力。与那些把孩子的事情都揽在自己身上的父母相比，懂得放手的父母显然要轻松得多，而且后一种方式对孩子更具有亲和力，更容易让孩子接受。

（5）让孩子学会管理自己的情绪

孩子在成长过程中，遇到不愉快的事情时通常会表现出情绪的不稳定，或是快乐、或是悲伤，并且起伏很大。善于控制自己情绪的孩子不会有这么大的情绪波动，他们会比较合理地把握自己的情绪，能够在一定程度上做到控制和释放自己的情绪。

9岁的建翔（化名）是一个脾气很不好的男孩子，常常因为一点小事就大发脾气，还时不时和同龄人吵架。有一天，建翔的爸爸给了他一袋铁钉，让他在每次想发脾气或想和别人吵架时，都先回到家里，把铁钉钉在泡沫板上。不到三天，建翔就在泡沫板上钉了40多颗钉子。

这一天，9岁的建翔静静地坐在泡沫板旁边，看着自己钉的铁钉一声不吭。他低着头，心里在想：这些钉子要是被人看到，别人会怎么看我……在接下来的几天里，建翔学会了控制自己的情绪，每天钉的钉子越来越少。他发现，原来控制自己的脾气并不难！他高兴地告诉了爸爸。爸爸对他说，以后，只要你不发脾气，你就可以拔出钉子。在接下来的时间里，建翔慢慢把所有钉子都拔出来了。他高兴地把爸爸带到了泡沫板边，指给爸爸看。爸爸语重心长地对他说，“孩子，你做得很好。你的朋友是你的宝贵财产，所以不要伤害他们。”建翔频频点头。

这个故事说明：只有父母采取适当的方法，让孩子学会控制自己的情绪，才能逐步纠正孩子的愤怒、骂人等不良习惯。孩子在发怒时可能也意识到了自己的错误，但已经成为一种习惯，所以很难纠正。父母应根据孩子的具体情况，教育孩子正确对待与他人的摩擦，以宽容的态度原谅他人的过错。同时，家长也应帮助孩子找到适当的发泄方式，比如鼓励孩子把自己的不快乐告诉父母或其他人，从而释放和缓解不良情绪。此外父母要在日常生活中注意培养孩子乐观幽默的性格，这对于孩子管理情绪很有帮助。

第五章

CEO 担当品质培养：让孩子成为一个敢于担当的人

每一个人，无论是对自己的家庭成员还是亲朋好友，都要勇于承担责任，这是一种最基本的生活态度。一个有担当的孩子，内在动力更充足，懂得自觉为自己和他人负责，这样不仅人际关系会更好，也更能收获成功幸福的人生。培养孩子成为一个敢于担当的人，父母要从日常生活的各个方面加以培养，其中父母的言传身教是至关重要的。

1. 担当的内涵：自我感觉、自我疆界、亲子关系

现实生活中有许多非常听话的孩子，听话没有错，但在听话的同时，父母还必须教给孩子敢于担当的态度，对自己及自己所做的一切负责，对与自己有关的事情有一定的担当。事实上，有担当并不是父母强加给孩子的负担，而是一种让孩子对自己生命负责和承担的能力。

所谓担当，就是在做某件事情时，敢于承担并负责任。担当就是敢挑重担并负责到底，体现了一个人的魄力。作为孩子需要具备的一种良好品质，担当的前提是要尊重自己的感受，核心是自我疆界的形成，源头是良好的亲子关系。因此，在教育孩子担当的过程中，要很好地把握这三方面的关系，使孩子真正成为一个有担当的人。

（1）担当的前提：自己的感受被人尊重

有担当就会有责任感，责任感是一种个人感受。如果父母没有尊重孩子的这种感受，孩子的责任感会受到打击，担当的意愿也就不会那么强烈了。孩子有好的感受，就会有好的行为。因此，父母要充分尊重孩子的感受，这是孩子能够担当负责的前提。

尊重孩子的感受，这种尊重不是虚伪客套，更不是纵容，而是发自内心的、把孩子当成独立个体的尊重。比如孩子放学回家后大声说，“妈妈，老师说我的作业很好！老师还给了我一颗星星！”或者高兴地说，“我今天在公交车上看到一位老奶奶，我给她让座了。”父母听到孩子这样说肯定很高兴。但如果孩子对父母说的话不是那么积极，如孩子抱怨说他的同学不让他一起玩游戏，或者老师布置了太多作业，父母听到这些话还会很高兴吗？未必！因为对有的父母来说，他们并没有真正承认孩子的感受，而是简单以成人的是非标准来裁判孩子的感受，常常一句话就断定是非对错。

尊重孩子的感受，首先要承认孩子的感受，这不仅是一项技能，更体现了父母的观念和心态问题。树立正确观念，摆正心态，才能透过现象看本质，洞察孩子内心真正的感受，体会孩子内心深处的需求，然后予以理解和承认，并适时加以鼓励，这才是真正意义上的尊重。也只有这样，才能强化孩子的责任感，使孩子敢于担当，乐于担当。

（2）担当的核心：形成自我疆界

每一个生命来到这个世界上，就开始为适应这个世界而做准备。人也是一样，婴儿从脱离母体的那一刻起，就在为能够生存而准备着。在漫长的成长过程中，孩子需要逐渐找到自己与母亲、与他人、与社会的界限，理解并确定自我的角色，学习做自我选择、自我判断，体验“我”的价值和力量。当自我的力量不断强大，他就可以为自己和生活担当了。

然而，孩子自我疆界的形成并非易事。这是因为，成人尤其是父母一直在不懈努力，想要给孩子选择一条自认为更“安全”的路。他们常常在孩子耳边发出一声声指令：“不能玩土！”“别弄脏衣服！”“要学古筝，考试能加分。”“不要和‘坏孩子’一起玩！”“别看考试以外的书。”如此等等。频繁的指令会使孩子在面对困难时不知所措，更阻断了孩子认识外部世界的通道。某种意义上说，这不是什么教诲，而是扼杀，更可悲的是有些父母正在扼杀而不自知。

作为父母一定要知道，凡事都替孩子做决定，孩子就不敢自己做决定，因为孩子会担心自己错了。于是，孩子只能把小小的“自我”托付给父母，并和父母黏合在一起，再也不用独立出“自我”的那一部分。在没有疆界的情况下，孩子也就不会再去考虑什么结果了，因为一切都交给了父母，至于担当，那是父母的事情。

（3）担当的源头：良好的亲子关系

在良好的亲子关系中，父母与孩子的真实需要和情感是相互尊重和接纳的，这有助于培养孩子的责任感。因为在这样的关系中，在爱和尊重的前提下，孩子感到可以做真实的自己，可以自由地表达自己的需要和愿望，无须为讨好谁而伪装。这样的孩子，内心是强大的，他知道父母会尊重自己，于是他也会用同样的方式去对待世界，发展出对生命的担当。由此可见，良好的亲子关系，是担当的源头。

有的父母很矛盾，一面希望孩子有担当，一面又包办一切。其实，孩子不仅是要养的，还是可以用的，比如参与家庭事务。事实上，每个孩子都有参与家庭事务的愿望，这个愿望也是应该得到满足的，小到家务，大到重要事情的决策，孩子都可以参与。而这种参与，本身就是亲子关系的一种体现。家是孩子第一个实践的平台，也是培养孩子有担当的最佳场所，因此要让孩子好好利用这个平台，不要让孩子缺席。

2. 培养有担当的孩子，父母要这样做

齐莫（化名）是一个初中三年级的男生，中考在即，他却每天都不完成作业，老师布置的课外复习也没有进行。看到他学习成绩下降，老师打电话给他的家人。电话是齐莫的姥姥接的，老人向老师解释说，齐莫最近学习状态不好，是因为他妈妈住院做手术，没有和他一起学习了。

老师从齐莫姥姥那里得知，齐莫从小就由母亲陪伴，陪他写作业、读课外书。久而久之，齐莫养成了和母亲一起学习的习惯，否则他会感到不安，无法安静地学习。在生活中，齐莫的母亲照顾着儿子的一切，从早上的牙膏到晚上的洗脚水，从整理书包到穿衣服、戴帽子，即将初中毕业的齐莫身材高大，身强力壮，但他就像一个大龄幼儿，生活不能自理。有一次，齐莫母亲所在的单位有事

要做，一大早就出去了，结果齐莫起床后就没去上学，姥姥问他为什么，他说妈妈没有给他准备鞋子，他不能赤脚上学。

在妈妈凡事都大包大揽的教育下，15 岁的齐莫责任意识模糊，更不用说有任何担当了。这一次，母亲住院做手术十多天没回家，当老师问他母亲的身体怎么样时，他茫然地摇了摇头，说他不知道。当老师让他放学后去医院看妈妈时，他摇摇头说，妈妈不让我去，医院还有爸爸呢，我的任务就是学习。当老师问他妈妈不在家有没有困难时，齐莫满腹牢骚，他说，姥姥年纪大了，做饭不好吃，也不知道给他收拾书包，经常让他拿错书。妈妈不能开车来接他放学，姥姥每天带他去挤公共汽车，难受死了……

生活中有许多像齐莫这样的孩子，像齐莫母亲那样“全包”孩子生活的家长也大有人在，这是一种不正确的教育方式。更可怕的是，齐莫缺乏家庭责任感，妈妈住院十多天，他不仅没有主动去看望妈妈，甚至也不在乎妈妈得了什么病。这与妈妈对他的照顾大不相同，因为大多数在这种保护下长大的孩子会变得很自私，只关心自己的感受，很少去关注别人的事情，严重缺乏责任感，遇事只会躲开，不会主动担当。15 岁的齐莫几年后可能也会成为大学生，成为丈夫和父亲，如果他妈妈不改变艰他的教育方式，这种生活能力低下、不懂感恩、没有担当的孩子，未来的路实在令人担忧。

那么，培养有担当的孩子，父母究竟该怎么做？

（1）言传身教，做孩子最好的榜样

担当是一种勇于负起生活责任的品格，而品格教育如果单纯靠说教，也不会有什么实际效果。但行动能很好地传达说教的内容，行动可以让孩子看得见、摸得着，能够引发孩子模仿。生活中父母为家庭付出，工作中兢兢业业，都会被孩子感受到，这是榜样的力量。言传身教能让孩子懂得遇到困难的时候该怎么做，对人对事又该怎么去解决。这些都有助于增强孩子对“担当”或者“责任感”的理解。

我们常说，父母是孩子的第一任老师。你是何种模样，孩子长大后就会变成你现在的样子。父母有责任感，孩子才会知道拥有责任感是何种感受。做好榜样，父母不要在孩子面前互相推卸责任，跟孩子说好的事情就要做到，父母做得不对也需要道歉等。榜样的作用是强大的，言传身教是最好的教育。

（2）让孩子做一些力所能及的事情

根据孩子的年龄和发展特点，让孩子做力所能及的事情，对培养孩子责任感有很大的促进作用。孩子尤其喜欢学习新技能，比如

努力清理自己的小书包，也许做得并不完美，但他们可以从中学会对自己负责的最基本技能。让孩子自己去做，需要时给予帮助，这样他们才能体验到自己的成长，增强自信，进而去做更多的事情。这样累积起来，孩子的自理能力就能提高，有所担当。

那种什么都依赖父母的孩子，总是等着照顾，怀疑自己的能力，缺乏自信。家长可以创造一个更加宽松的心理环境，让孩子自己去尝试，犯错误时要注意多提建设性的意见，少给孩子不必要的帮助，给孩子简单的任务，让他们每天独立完成。当孩子独立完成一项任务时，他们的责任心、自信心就会增强。当然，我们也不应该过分放纵，让孩子做他们想做的一切。父母必须明白，孩子自己能做什么，不仅取决于他们的成熟，还取决于生活中各种事情对他们的适合性。因此，从日常生活的角度出发，父母应适当地给孩子独立锻炼的机会，让孩子体验成功的快乐，建立真正的责任心，进而有所担当。

（3）给孩子自己解决麻烦的机会

很多父母在孩子遇到麻烦时，为了迅速解决麻烦，总会帮忙找解决方案。事实上，要想让孩子成长，就需要给孩子自己解决麻烦的机会。比如，不小心把书扯破了，就找透明胶粘起来，即使粘得歪歪扭扭也值得鼓励；生气的时候对长辈态度不好，之后就要自己道歉。从小事开始，让孩子感到那是他自己的事，让他知道每个人都要为自己的行为负责。

作为父母，为孩子挡风遮雨固然是一种爱的体现，但当孩子遇到麻烦时，也必须“狠心”让孩子去解决。这既有效地让孩子学习了解决问题的方式方法，还可以从中获得成就感、责任感等心理感受，进而由点及面，由学习到生活，让孩子懂得担当责任的重要意义和实际作用，这是一种深沉的爱。

（4）给孩子一定的发言权和选择权

根据孩子的年龄和能力，给孩子一定的发言权和选择权，也是培养孩子担当的有效方法。这是因为，给孩子发言权，会让孩子觉得自己很重要，是家庭生活的参与者，这会让孩子愿意为自己负责。

心理学研究者曾做过一项研究，把一些体重超标儿童分成A、B两组，A组按照减肥专家的建议执行减肥计划，B组可以选择他们的减肥方案。在减肥期间，实验人员不断提醒B组的孩子，他们的减肥方案是自己选择的。三个月后，实验人员惊喜地发现，那些自己选择减肥方案的孩子，普遍比A组孩子减掉了更多的体重。研究者认为，当孩子有选择机会的时候，他们会最大限度地内化自己的行为，并对自己的选择赋予更多的责任感。

科学实验和现实案例都说明：父母有没有给孩子选择权，决定了孩子一生的责任心。

（5）让孩子做小助手，意义非凡

孩子喜欢帮助父母，即使没有奖励，他也会在“我长大了，能帮爸爸妈妈做事了”的感受中体会到满足和愉快。做家务小助手，正是孩子体验自我价值和培养未来担当的好机会。让孩子做家务小助手，能让孩子知道自己是家里的一分子，不应该只享受成果，也要为家庭奉献出自己的力量，从而懂得分担才会更好地承担，过程当中还可以培养孩子的家庭责任感。所以父母不要觉得孩子还小，做一点家务就会累到他。从刷碗扫地开始，让他成为家里的小主人，一点一点锻炼自己。

总的来说，要想培养孩子有担当，就是要让孩子感到“被需要”。当孩子被父母需要时，哪怕只是倒杯茶、扫个地，只要参与其中，得到父母的支持和鼓励，他就会感到自己做的事情是有意义的，就会有更大的热情继续做事。做好了就夸奖他，没做好就指出具体错误，教他应该怎么做，鼓励他下次做好。虽然只是件小事，体现的却是他的责任感、价值感。

（6）从放手开始，培养孩子有担当的品格

有担当，就是对自己负责，对家人负责，对别人负责，对社会负责，对自己所做的事情负责。而所有这一切，都需要父母放手让孩子去实践、去历练，在与家人、他人、社会的接触过程中，无论对人还是对事，都要做一个敢于担当的人。只有放手，才能让孩子真正成长，比如给孩子一个照顾自己、照顾别人的机会等。

探索世界，与外界建立联系，有可能会伤害到孩子。但如果因此将孩子放到蜜罐里，等他们长大了，又该如何在多变的社会生存？让孩子尝试去做他们力所能及的事，通过这些事情，他们的自信心和责任心将随之建立。不肯放手的家长，养不出有责任感的孩子，你真的爱孩子，就该学会放手。大人放手，孩子动手，胜过家长陪他一辈子。

3. 孩子勇于承认错误，也是一种担当

在生活中，有许多孩子甚至成年人，常常认为不需要对自己的行为或选择负责。一旦犯错，不是承认“我搞砸了”，而是想方设法为自己的过失寻找各种借口和理由。因此在家庭教育中，父母要让孩子明白，他们的行动会给自己和别人带来怎样的后果。只有让孩子勇于承认错误，才能学会如何为自己的行为负责，这也是一种担当。

（1）敢于承认错误的孩子，有责任感和正确的是非观

敢于承认错误的孩子会懂得为自己的言行负责，有责任感，将来也会更有担当、更优秀。重点是要告诉孩子不管犯什么错，都要勇于承认，积极承担自己行为的后果，形成正确的是非观。

孩子年龄小，成长过程中难免会犯各种各样的错误，父母要理性看待，不要过分苛责，否则孩子会因害怕被责备而不敢承认，要让他们明白“承认错误”并不丢脸。不过分苛责并不意味着一味地维护孩子，孩子犯错后，应该及时让他们明白自己错在哪里，如何弥补。

一天晚上，某小学三年级二班的班主任张老师的手机突然响了起来，接起来一听是李洪（化名）妈妈的电话，主要说李洪回家让她给老师打电话，说李洪不想和陈涛（化名）同一个书桌了，因为陈涛偷他的东西。张老师对李洪妈妈说：“明天早晨孩子们来学校的时候，我问问他们发生了什么事。”

第二天早晨，张老师走进教室，把李洪和陈涛叫出教室，打算问清楚。张老师说：“李洪，陈涛什么时候拿走你东西的？”陈涛解释说：“我根本没拿他的东西！”

张老师觉得这样纠缠下去不太好，想让他们快点说清楚，于是，就和蔼地对陈涛说：“陈涛，如果你真的拿了，只要你说的是实话，我保证不会批评你，因为你是个诚实的孩子。”张老师看陈涛有些犹豫，像是不敢说。沉默了一会儿，陈涛还是没说话。张老师再次鼓励说：“你说吧陈涛，我保证不批评你，说话算数。”

后来陈涛承认拿了李洪5元钱，张老师表扬了他，并且说：“我本来打算严厉批评你，但由于你很诚实，愿意改正错误，所以老师就不批评你了。但老师想告诉你，你的行为是非常错误的。没有别人的许可不能拿走别人的东西，每个人都不会喜欢这种行为的。”

张老师了解他们两人的具体情况后，就给陈涛的家长打了电话。过了一会儿，陈涛的爷爷来到学校。老人有点生气，当时陈涛正在扫地，老人举手要打孩子。张老师拦住并解释说：“孩子很诚实，他已经知道不对了，经过批评教育，相信他完全可以改正。”陈涛的爷爷随后将5元钱还给了李洪。

当孩子犯错时，不能一味地批评和恐吓他，要轻声说话，让孩子感受到我们对他的关心和爱护，让孩子敢于承认错误，给他改正错误的机会。这样，孩子的责任感和是非观就慢慢建立起来了。

（2）孩子做错事不敢承认，父母这样做孩子才会有担当

生活中，当孩子做得不够好时，很多父母经常采用训斥、嘲笑或说教的方式，希望借机管教孩子。但结果往往与愿望背道而驰，孩子不但没有进步，反而表现得更差。为什么？因为父母缺乏对孩子的尊重。如果想让孩子养成正视问题、勇敢解决问题的习惯，父

母不仅要自己养成这样的习惯，还要学会尊重孩子，成为能让孩子倾诉心声的人。

一天晚上，7岁的诗蓝（化名）想吃妈妈买的新鲜橘子。但由于妈妈刚刚给诗蓝吃时她不想吃，所以就劝她不要再吃了。但诗蓝坚持要吃新鲜橘子。妈妈只好给她拿了一个，并告诉她要把橘子吃完。过了一会儿，诗蓝告诉妈妈自己已经吃完了。妈妈觉得不可能这么快就吃完了，于是就去垃圾桶看了看，果然找到了她扔的橘子。

诗蓝爸爸知道这件事情后，很平和地对诗蓝说："你现在面对着墙站五分钟，想一想自己错在哪儿了。"妈妈在旁边看着，内心隐隐觉得不妥，但看到爸爸不再像以前那样一见诗蓝做错事就大声训斥，所以也就不吭声了。诗蓝罚完站后，妈妈对她说："以后如果你吃不完，可以给妈妈吃，但不要扔掉。"爸爸也在一旁告诉她以后不要说假话。后来，爸爸又因诗蓝做错一件事罚她面对着墙站五分钟。诗蓝告诉妈妈，在学校里，当别的同学做错了什么事，她也会对对方说"你要罚站"。妈妈不禁愣住了，意识到这种方法是错误的，不利于孩子的成长。

其实，学校老师也发现诗蓝遇事没有担当。有一次诗蓝把垃圾倒在教室的地板上，老师看到了，问她是怎么回事，诗蓝说不是她干的。诗蓝妈妈认为，这可能和她爸爸看到她做错事后让她罚站有关。对这一问题，老师和诗蓝家长认真沟通了好一会儿。

老师说："孩子做错了事不去承担，是一种自我保护的做法。因为过去发生类似事情时会受到责备或惩罚，所以当孩子再次犯错时，她下意识就选择了隐瞒，以此来逃避惩罚。"诗蓝妈妈说："我也觉得惩罚、责骂和斥责不能解决问题。今天听了您的话我意识到，这很可能会让孩子逃避责任，后果非常严重。那我们应该怎么做？"老师告诉诗蓝妈妈，发现孩子做错了事不承认时，要和孩子一起解决问题，这样的话孩子就会专注于解决问题。家长坚持这样做，孩子就会慢慢地敢于承认错误，也能担起责任不再逃避了。

诗蓝妈妈后来告诉丈夫和老师沟通的事情。诗蓝爸爸听了以后，就再也不罚诗蓝站了。有一次，诗蓝不小心把妈妈撞歪在墙角，但妈妈一点也不在乎。这时诗蓝突然对妈妈说："妈妈，对不起，我不小心撞到您了。""没关系。"妈妈高兴地说道。

孩子犯错误了，父母的斥责只能让孩子怨恨或恐惧，因为孩子关注的是父母和他们的情绪，而不是问题本身。没有尊重，孩子就感觉不到被理解、关心和支持。在孩子的眼里，常常责骂的父母是不友好和不值得信任的。因此，孩子关闭心扉，不想和大人交流，而一旦孩子关闭心扉，再想改变就很难了。在许多家庭中，这是造成父母与孩子关系不和谐的主要原因之一。因此，要想改变孩子，大人首先要善良，值得孩子信赖才行。

（3）教孩子勇于承担过错，他才会懂得“责任”二字

责任感是一个人健全人格的基本素养，更是家庭和谐和社会稳定的保证。一个敢于承担过错的人，注定会有非凡的品质，因为他可以为自己的行为负责，也会为他人、团体、社会和国家负责。当孩子犯错时，教他们勇敢地承担自己的错误，孩子才会懂得“责任”二字。

犯错并不可怕，可怕的是没有承担责任的勇气，这样就会因为胆小懦弱而产生逃避心理，失去责任感，成为不负责任的人。所以，当孩子犯错时，父母需要保持冷静的态度，引导他们认错。当孩子有了正确的是非观，就会有承认错误的勇气，会变得勇敢，不再有逃避的心理。所以，犯错有时候对孩子来说并不是坏事，因为犯错可以增加他的勇气，是他宝贵的经验，也有助于孩子树立正确的是非观，使之有辨别是非的能力，形成童年最有价值的成长态度。

有一个12岁的小男孩，这一天正在和他的同伴们踢足球，一不小心小男孩把足球踢到了邻居家的窗户上，一块玻璃碎了。一位

老人立刻跑出房间，愤怒地大叫是谁干的。同伴们纷纷逃走，小男孩却走到老人跟前低头认错，请求老人原谅。老人很固执，一直大声嚷嚷，小男孩哭了起来。最后，老人让小男孩回家拿钱赔偿。回到家里，小男孩胆怯地把这件事告诉了爸爸。

爸爸没有因为他年龄还小而原谅他，生气地板着脸，一句话也没说。坐在一旁的妈妈为儿子求情。过了一会儿，爸爸冷冷地说，虽然我们家里有钱，但你应该为自己闯的祸负责。随后，父亲想了想，还是把钱拿出来了，但他严肃地对小男孩说，“我暂时借给你15美元钱补偿人家，但你必须还给我。”小男孩从他父亲那里拿了钱，跑去双手递给老人。

从此以后，小男孩一边努力学习，一边利用业余时间打工挣钱还爸爸。因为年纪太小，不能做繁重的工作，他去餐馆帮别人洗碗，有时还捡破烂。经过几个月的努力，他终于挣到了15美元，自豪地把它交给了爸爸。爸爸高兴地拍着他的肩膀说，一个能为自己的过失负责的人，一定会有未来的！

许多年后，这个男孩成为美国总统，他就是里根。当里根回忆起过去时，深有感触地说：“那次闯祸之后，我明白了做人的责任。”

其实，孩子之所以会犯错，大多是因为他们的是非观还没有真正建立起来，不知道该做什么、不该做什么。因为没有对错的观念，就会导致错误频发，这就需要父母帮助他树立这一观念。生活中经常有一些脾气暴躁的父母，当他们看到孩子犯了错误，立刻生气，对孩子大喊大叫，甚至打骂孩子，导致孩子再犯错时不敢承认，还会尽力为自己辩解。当孩子一次又一次地把父母蒙在鼓里时，他内心的侥幸心理就会疯狂地增长，最终形成说谎的习惯。而一旦习惯撒谎，整个人都会变得虚伪，更别提如何承担责任。

犯错并不可怕，只要有勇气去承受，就会点燃孩子内心的正气，让他负起责任来。孩子只有对自己的行为负责，将来才能为更多的事情负责。

第六章

CEO 专注品质培养：为孩子今后的学习和工作建立保障

专注就是专心，即全神贯注，专心注意，专注力就是注意力。培养孩子的专注力，可以激发孩子潜藏的好奇心，提高孩子对事物的兴趣，提高孩子的学习能力和自信心，锻炼孩子的毅力，从而为孩子今后的学习和工作建立保障。对孩子专注力的培养，不仅要分析其专注力不集中的原因并采取相应的措施，还要讲究方法和技巧，这样才会收到效果。

1. 影响孩子专注力的五大原因与解决方案

艾雯（化名）经常注意力不集中，老师上课的时候，她喜欢沉浸在自己的世界里发呆，只要班上有任何小的响动，她都是第一个转身去看的，注意力根本不在听老师讲课上。只有当老师用严厉的目光扫视她时，她才下意识地做出反应，但也只是安静地坐两分钟，一旦老师不注意，她还会做其他的小动作。老师向艾雯的家长反映了这个情况，艾雯妈妈说，艾雯在家里也不专心，所以必须有人监督她做作业，因为她会分心，抠指甲、玩钢笔。我们尝试了各种方法，但都没有效果。

这是孩子注意力不集中的典型表现，外界新鲜刺激的事物都有可能引起孩子的注意。再加上本身孩子年龄小，自控力和意志力很差，能集中注意力去做一件事的时间很少。

专注力是一切学习的开始，是孩子适应环境的最基本能力。注意力不集中，如分心、粗心、走神、开小差等，是所有孩子的共同点。面对这种情况，我们首先要分析原因，其次才能解决存在的问题。一般来说，孩子注意力不集中的原因主要有生理、心理、环境、饮食、教育等因素。无论是什么原因造成了孩子注意力不集中，我们都需要采取针对性的解决方法。

（1）生理原因分析与解决方案

对孩子来说，专注力意味着他们可以集中他们的感官，如视觉、听觉和触觉来达到理解的目的。但由于生理和病理上的原因，孩子的注意力无法集中，这就需要根据具体原因采取相应的措施。

纯生理原因指的是，由于大脑发育不全，神经系统兴奋和抑制过程发展不平衡，导致孩子自控能力差。特别是长期的假期生活，使得生理方面不适应学校生活，不能集中注意力。针对这种情况，家长应帮助孩子科学调整饮食结构、学习和休息习惯，使孩子兴奋的神经系统得到放松。上学后，应积极向孩子询问学校发生的趣事，从而提高孩子对学校生活体验的感知。

病理原因较复杂。比如，孩子脑组织轻微损伤，脑内神经递质代谢异常等；患有听力或视力障碍的孩子不注意听或不看；患有多动症、运动障碍等疾病的孩子会有注意力不集中的表现。家长要注意病理原因，必要时应到专业机构进行治疗，以免影响孩子正常的生长发育。

（2）心理原因分析与解决方案

心理学研究表明，人们的注意力难以长时间集中，特别是对孩子来说，“注意力分散”是一种正常的现象。然而，有的时候，孩子注意力不集中是有心理原因的。一般来说，引起儿童注意力不集中的心理原因可分为以下几种情况。

一是为了引起关注，特别是父母的关注。比如，妈妈工作很忙，很少和孩子交流。为了吸引妈妈的注意，孩子不管在哪里都不能安静，总是动来动去。其实，喜欢引起别人的注意是孩子自我意识发展到一定阶段的必然结果。如果一个孩子因为某些原因经常被忽视，或者父母很少关注他，为了吸引别人的注意，让周围的人关心自己，他会故意用各种无法集中注意力的行为来达到目的。

二是有“完美主义”的倾向，凡事都要做到最好。比如做作业时，不允许字写歪，更不允许写错字。如果字写得不好或写错了，就会拼命用橡皮擦，甚至当书本快被刮破时才能放弃。而越想成为最好的，就越有可能犯错，结果就是无法集中精神。对于这样的孩子，家长不应该给孩子制定太高、太完美的标准，更不能一直批评孩子的不完美。相反，应该让孩子客观地看待自己的优缺点，帮助孩子重新建立自己的评价标准，教会孩子认识自己、欣赏自己、激励自己。

三是太在意别人对自己的看法。很多孩子非常关心妈妈、老师或长辈对自己的看法，所以常常会在做作业的时候抬头看大人的态度，想从大人的表情中读懂一些信息，希望得到大人的肯定。对于这样的孩子，父母首先要调整态度，不要让孩子太在意自己的观点，但要提醒孩子“用心去做好自己该做的事就足够了”，也可以告诉孩子不要太在意周围人的观点，做好自己就行了。

总的来说，对于因上述心理原因而导致的注意力不集中的孩子，父母应注意对孩子的心理教育和引导，使孩子完成自我建构，有效引导孩子多注意自己的趣事，培养孩子的注意力，再结合适当的情绪训练，纠正孩子一些不规则的情绪行为，使孩子在心理上健康成长。

（3）环境原因分析与解决方案

在 4 岁至 10 岁这个注意力培养的关键时期，由于诸多外界因素的干扰，如孩子的生活环境、学习环境混乱、嘈杂等，将导致孩子的专注力得不到发展，渐渐就会变成注意力不集中。事实上，环境对孩子的影响很大，比如手机随时响、无数的电视节目、室内真菌和二手烟等。还有很多数据表明，空气、土地、食物和水的污染会导致儿童行为的改变，从而威胁儿童的健康，也不利于孩子注意力的集中。

环境是教育的基础，创造和提供适合孩子成长的家庭环境和学习环境是培养和提高孩子注意力的前提。事实上，一张干净的书桌，整洁的房间，安静的学习空间，不仅给人一种舒适感，还有助于产生清晰有序的大脑思维。在这样的环境中，孩子们会更好地得到心灵的平静、精神的集中和注意力的提高。

（4）饮食原因分析与解决方案

饮食对孩子的注意力也有很大的影响。很多家长都注意到，孩子吃了某些食物后，会变得非常兴奋，难以入睡，尤其是吃巧克力、可乐或其他甜食时，会使他们精力充沛、极度活跃。多数儿科医生认为，糖和食品添加剂会让孩子过度兴奋，无法集中注意力。吃太多的糖可能会导致“儿童嗜糖性焦虑症”，其特征是情绪不稳定、冲动、睡眠不好，经常在梦中醒来，注意力不集中，抵抗力下降。咖啡因也会影响中枢神经系统。如果孩子摄入过多的咖啡因，他们会头痛、头晕、易怒、夜间睡眠缓慢、白天精神不好、注意力不集中。此外，含有过多油脂和合成色素的食物也会让孩子懒惰、昏昏欲睡、注意力不集中。

每个家长都知道孩子营养平衡的重要性。对于那些不注重饮食搭配的孩子，接下来需要进行调整，可以多吃西蓝花、卷心菜、柚子、绿豆、杏仁、胡萝卜、红薯类和西红柿，因为这些水果和蔬菜富含抗氧化剂，有助于维生素C和维生素E的完全吸收。多吃含纤维的蔬菜，因为纤维能在一定程度上帮助稳定血糖，血糖的变化会影响人的情绪。早餐一定要喝一杯全脂或低脂牛奶，因为有足够的钙帮助一整天的学习和情绪反应。多吃卷心菜、金枪鱼、沙丁鱼、菠菜，因为它们含有丰富的钙和铁，有助于补充流失的钙元素和铁元素。给孩子吃苹果、葡萄柚、葡萄、粥，因为这些水果或食物含有完整的碳水化合物或维生素B，可以缓解多动症和精神压力，对患多动症的孩子很有帮助。

（5）教育原因分析与解决方案

不正确的教育方式也是造成孩子注意力不集中的一个原因，比如过度娇惯、放纵等。具体来说，家中长辈对教育的态度是否一致？是不是太溺爱孩子以至于他们缺乏行为准则？是否给孩子买了太多的玩具或书？家庭生活节奏是否太快，孩子无法适应？家里是否能给孩子提供一个安静的学习环境？孩子有情绪压力吗？是不是批评和责骂孩子了？

针对这些具体问题，父母要反思孩子注意力不集中的原因，与专家或孩子的老师沟通，找出问题的根源。例如，社交活动会让孩子兴奋和冲动，他们也会变得相当外向、活泼、口才好、擅长交际。但副作用是他们长大后会粗心，缺乏学习的毅力，当他们需要自己做某事时会不习惯。因此，家长应该放弃部分社交活动，带孩子去感受大自然，让孩子的心平静下来。此外，有一个固定的活动时间表对培养孩子的注意力也很重要。如果孩子知道自己要做的事情有时间限制，就可以很快进入有序状态。

2. 培养孩子专注力的方法

有专注力是孩子将来学习的有力保证，而专注力不是天生的，需要培养。当孩子的注意力总是被破坏而得不到保护时，他们的注意力就会慢慢丧失。所以，请让孩子身心投入地完成他的“工作”，不受干扰。以下是一些培养孩子注意力的方法。

（1）充分利用孩子的好奇心

在这个不断变化的世界里，有许多新事物是孩子们从未见过或听说过的，它们以其独特的魅力吸引着好奇的孩子们，引起他们极大的关注。因此，父母可以充分利用孩子的好奇心培养注意力。

对于大一点的孩子，要带他去一个新的环境。比如，公园里从未见过的花草、动物园里各种有趣的动物、博物馆里形状各异的建筑等，都能引起孩子的好奇心。利用孩子对新事物的好奇心，可以更好地培养他的注意力。

（2）把兴趣与注意力结合起来

兴趣是产生和保持注意力的主要条件。一些孩子在按要求做某些事的时候，总是心不在焉，而在做感兴趣的事情时，却能全神贯注、专心投入。孩子对事物的兴趣越浓，其稳定、集中的注意力越容易形成。因此，父母应注意培养孩子广泛的兴趣，把孩子的兴趣培养与注意力结合起来，以此来培养孩子的注意力。

父母应该利用兴趣、探索兴趣、培养兴趣，以此来培养孩子的注意力。要充分利用孩子原有的兴趣来培养他们的注意力，采取引导激发的方式发掘和培养孩子的兴趣。当他们不得不面对没有兴趣的学习或活动时，父母可以告诉孩子兴趣是可以在过程中发现或培养起来的；也可以让孩子想象在学习和完成后的好成绩来激励自己。此外，还可以培养孩子对文本符号的兴趣，比如可以利用孩子喜欢听故事的特点，给他们一些有文字提示的图画故事书，边听边读，告诉他们这些快乐的故事都是用书中的文字写的，以激发他们对文字符号的兴趣，在这个过程中培养他们的注意力。

（3）明确活动目的，有助于集中注意力

孩子对活动的目的和意义了解得越深，完成任务的愿望就越强烈，他们在活动过程中的注意力就会越集中，注意力保持的时间也就越长。比如，对一个平时吃饭总是拖拖拉拉、漫不经心的孩子，如果你许诺他快速吃完饭后会有奖励，他一定会专心、快速地吃饭。

在日常生活中，父母也可以训练孩子有意识地集中注意力，有目的地转移注意力。比如问孩子桌子上的玩具是多少个，或者让孩子画画给妈妈做生日礼物等，引导孩子逐渐养成专注目标、有意识地关注某件事的习惯。

（4）不干扰孩子做好他喜欢做的事情

当孩子专注于做他喜欢做的事情时，父母切记不要干扰孩子，要耐心等他把事情做成。要知道，当孩子沉浸于他的兴趣时，无形中也是在培养自己的注意力。

干扰孩子的自由会妨碍他们正在进行的工作，同时也会使孩子失去信心，注意力也会更加不集中。所以，当孩子在做他喜欢做的事情时，父母最好不要干扰。

（5）让孩子一次只做好一件事情

太多的任务会使孩子没有明确的目标。孩子既要注意这个，又要注意那个，结果什么事情都不能顺利完成，让孩子的注意力更加难以集中。

人的注意力资源是有限的，如果把注意力同时分配到不同的事物上，就会严重地消耗注意力的有效性。特别是在儿童注意力处于发展过程中的情况下，如果他们同时做多件事，就会损害注意力的有效集中。所以，即使孩子在玩游戏，也应该关掉电视，做作业时也不要听音乐。

（6）让孩子在规定时间内分阶段完成学习任务

在规定时间内分阶段完成学习任务是一种定时定量的学习方法。如果孩子在规定时间内分阶段完成学习任务，父母要给予一定鼓励，如表扬、抚摸、亲吻等，并让他休息几分钟，然后再以同样的方式完成之后的学习。当孩子适应这种方式后，可逐步延长一次性集中做题的时间。同时，还可以要求孩子在审题的过程中，自己把题目的要求、条件用笔勾出来，以防止走神出错。这些都可加强孩子的自信心，让他感觉“我能自觉集中精力做好一件事”。

既然定时定量的学习方法有助于培养注意力，那么该如何制订这样的学习计划呢？定时定量的学习计划可以让孩子的学习事半功倍，也能让孩子的学习做到劳逸结合。制订这样的计划要充分考虑到孩子当前的学习情况、思维习惯、身体素质、学校课程进度、评价要求等。计划制订后，在实施过程中父母要定期检查计划，督促孩子按照计划稳步推进学习进度。

（7）营造一个有利于集中孩子注意力的学习环境

孩子在做一件事的时候，最需要的就是安静的环境，因此父母应尽力给孩子营造一个有利于集中注意力的学习环境。

例如，孩子的书桌上，只能摆放和书本有关的学习用品，玩具和食物不能摆放。同时文具要简洁，孩子的铅笔盒功能越简单越好，铅笔和橡皮擦也应该形状简单，功能单一，以免孩子把它们当作玩具。孩子的书房要打扫干净，无用的东西不要放在显眼的地方。孩子学习时，不应该有电视、电话等声音干扰，家长也尽量不要干扰孩子的学习。此外，室内灯光也是一个很容易被忽略的环节，柔和适度的光线有助于孩子集中注意力。

3. 培养孩子专注力的小妙招

技巧是人们对获得的经验的总结和提炼，它能减少试错的随意性，节省解决问题所需的时间，提高解决问题的概率。培养孩子的专注力不仅需要有效的方法，还可以使用一些技巧。技巧也就是妙招，小妙招，作用大。这里介绍的几个小妙招可以试试，对提升孩子的专注能力很有帮助。

（1）给孩子的玩具和书籍做“减法”

美国《个性与社会心理学》杂志刊载的一篇文章中称，人在面临太多选择时，注意力会分散，自制力下降。对于孩子来说，同样是这个道理。我们经常看到这样的情形，家长给孩子买了很多的玩具和书籍，可孩子往往是这本书翻两页，那本书翻两页；玩具也是，一会儿玩这个，一会儿玩那个。因为有太多的玩具，会让孩子不知道珍惜，觉得反正玩具很多，随手扔一些也无所谓。无论是玩具还是书籍，一下子接触过多，都会分散孩子的注意力，造成孩子以后做事情不专心。

日常给孩子玩玩具，一次给一个就好。玩完后及时收起来，不要堆得到处都是。其他事情也一样，一次不要给孩子太多选择，控制在一两个以内。只有给孩子的玩具和书籍做“减法”，才有助于帮孩子集中注意力。

父母爱孩子，所以给孩子买各种各样的玩具和书籍。但大多数父母都忘记了“五色乱目”的古训，没有很好地控制和管理孩子的玩具和书籍，随意陈列，让孩子目不暇接、眼花缭乱。如果到处都是玩具和书籍，孩子就很难集中注意力在一个玩具或书上，而不被另一个所吸引。所以，给孩子玩具和书籍，每次要定量，其他的都归置起来，不乱放，不乱目。

（2）让孩子每天坚持做智力训练

一些锻炼观察力、注意力、记忆力的图文，如走迷宫，在一大堆图中找某样东西，找错误、找异同、比大小、比长短，等等，能使孩子集中注意力。做智力训练一定要每天坚持，并设立奖励或打分机制。

智力训练一般都是通过游戏的方式来进行的。例如，玩扑克，可锻炼注意力高度集中和快速反应能力；开火车，能让注意力高度集中，同时也锻炼了思维快速反应能力；顶乒乓球，必须保持镇定和注意力集中，不让乒乓球掉下来，等绕完一圈才算胜利；给数字画线，父母可在一张纸上写出几组数字，每组都是一连串的数字，一式两份，家长和孩子各一份，同时做，看谁先又快又好地做完；复述数字，父母一开始先报简单的几位数，然后再不断地增加数字，让孩子复述，以达到强化记忆力的目的，每次尽量只增加一位数，循序渐进；堆火柴棍，家长把多根火柴棍随意搭在一起，让孩子一根一根拿起来，力求做到每拿起一根时都不触动其他的火柴棍，数量由少到多逐渐加大难度；钟表训练，让孩子拿一块钟表，看它1分钟的走动，假如1分钟内注意力没离开秒针，就延长观察的时间到两三分钟。像这样的智力游戏还有很多，家长可以多尝试，找最适合孩子的。

（3）用盯点法训练孩子的注意力

盯点法是指在教室或家里，每天盯着某一个点和物体，看上几分钟。盯点法类似凝视法，即凝视固定的一个点，要求把精神集中在一点上，比较适合大孩子。练习方法是：准备一张白纸，用黑色墨水从上到下在纸上画几个点，大的在上面，小的逐渐向下，同时调整好呼吸和坐姿，让头脑冷静下来，放松自己。开始的时候，先用眼睛看上面的点，注意放松，暗示自己黑点变大且清晰，试着不眨眼地延长时间，当然也不要让眼睛太累，尤其要记住，一切都要随意。当一只眼睛能长时间训练后，换另一只眼睛继续。

还可以采用舒尔特训练法，它是世界上最专业、最普及、最简单的训练法，广泛应用于飞行员、航天员的训练，也是广大学生朋友的有效训练法。坚持一段时间就会感到明显的进步，如果家长对舒尔特训练法感兴趣，可以按照网上的具体步骤进行操作，此处不再赘述。

（4）帮助孩子摆脱“三分钟热度”

“三分钟热度”通常用来形容在做一件事情时，开始的时候很热情，情绪很高，但坚持不了很长时间就没了兴趣的情况。一般来说，孩子对事物的关注通常不会持续很久。但“三分钟热度”会导致孩子缺乏毅力和恒心，因此要想办法培养孩子的耐心，提高他们的注意力。

孩子的三分钟热度并非一种病症，而是孩子对自己兴趣的一个挖掘过程。作为孩子，他们对世界的理解才刚刚开始，需要一个过程来不断探索各种事物，从而找出自己真正感兴趣的是什么。当然，三分钟热度的话，就需要家长不断地鼓励和引导，帮助孩子学会在探索挖掘的过程中保持耐心，从而稳定地探索兴趣。

在具体的方法上，当孩子非常想要做某件事时，父母不要马上同意他的要求，最好在孩子的能力范围内，围绕这件事提个要求，并让孩子通过自己的努力来完成和实现这个要求。这样既锻炼了孩子的耐心，又教会孩子珍惜自己所取得的成绩，延长注意力的时间。此外，还可运用上面介绍的智力游戏来锻炼孩子的耐心。

（5）通过大声读书训练孩子的注意力

大声读书也就是朗读，即把书面语言清晰、响亮、富有感情地读出来。孩子在朗读的过程中，为了尽量不读错、不读丢、不读断，他的注意力必须高度集中。把这种训练一直坚持下去，还可以锻炼孩子口、眼、脑相互协调的能力。坚持一段时间，就会收到良好的效果，不仅可以提高孩子的注意力，还能培养孩子的思维能力、阅读能力和自我表达能力，增强孩子的自信心。随着注意力的不断提高，孩子粗心的现象自然也就减少了。

大声读书是训练孩子注意力的一种有效方法，每天安排一段时间，比如10~20分钟，让孩子选择他们喜欢的文章大声为父母朗读。

在孩子朗读的过程中，父母应注意以下三点。

第一，引导孩子正确阅读。当孩子开始大声朗读时，父母应在此前对孩子提出明确要求，并在此后按要求进行检查。对孩子朗读中出现的缺词、加词、重复等现象，应作具体的分析和指导。如果孩子读错了发音，就要用汉语拼音来纠正发音，直到孩子读准为止。如果孩子因为不仔细而增减单词，父母应要求孩子仔细阅读课文，看准每一个单词并准确读出来。如果孩子因为不熟悉和不理解一些单词而不能阅读时，父母应帮助他学习这些新单词，并训练他连读的阅读能力。

第二，告诉孩子不同的阅读方式。充分阅读需要一定的方式方法，不同的方式对阅读有不同的影响。阅读方式主要有以下几种：一是示范性阅读。可以由父母阅读，也可以由磁带代读。示范便于孩子模仿。二是和孩子一起阅读。如果孩子的阅读水平比较低，父母应该一句一句地读，遇到长句子，可以先将其分成几个短句，然后再完整地读一下。这种方式可以训练孩子准确阅读和正确停顿。三是父母和孩子分别阅读不同人物的角色句子。这种阅读形式普遍受到孩子的喜爱，有利于孩子理解课文内容，能培养孩子深情阅读的能力。对于这些阅读方式，父母应根据孩子的具体情况来选择。

第三，教给孩子一些阅读技巧，如停顿、语调、重音等。大声、正确地读只是基本要求，若想提高阅读水平就需要读出读者的个人感受。首先要理解文章的意思，掌握阅读的语调。如果文章表达了一种快乐的情绪，应该读得快一点，语调要高一点；如果文章表达了悲伤的情绪，应该读得慢一点，语调要低一点。

第七章

CEO 乐观品质培养：让孩子学会快乐，拥有健康的身心

生命的本质是愉悦，其关键是让孩子感受到快乐，然后通过合理的方式逐渐培养孩子乐观的品质。其实孩子的快乐很简单，成长的每个阶段都充满大量的快乐元素，父母只要给孩子充分的自由，让他们做适合的事，孩子就会在生活中表现出自己的快乐，养成乐观的性格。快乐是孩子幸福的源泉，只要孩子感受到了生活中的点滴快乐，那么他的生活就是幸福的。

1. 孩子快乐的来源：家庭、天性、愉悦

快乐是孩子幸福的源泉，也是孩子健康成长、良好性格养成的催化剂。孩子的快乐从哪里来？和谐美满的家庭会让孩子在快乐中健康成长，释放天性也可以让孩子获得快乐，而快乐更多的是来自生命的愉悦。

（1）快乐源自家庭：和谐美满的家庭会让孩子健康成长

家庭是孩子成长的摇篮，家庭氛围不同，孩子的习惯和个性品质也不同，人生轨迹一定也是千差万别的，不同的家庭教育环境造就不同性格的孩子。因此，要培养一个聪明、健康的孩子，就必须营造和谐的家庭氛围，让孩子健康成长。

中央电视台曾有一则很受欢迎的广告：年轻妈妈在黄昏时分拖着疲惫的身体回家后，先给老人打水洗脚，告诉孩子在卧室等她。当她为老人洗完脚后，回到卧室，却没有看到孩子。正在纳闷，她抬头却看到孩子正端着一盆水晃晃悠悠地朝自己走来。这是多么感人的一幕！年轻的母亲用自己的行为教育了孩子，这种身教比枯燥的言教更有效果。榜样的力量是无穷的，父母是孩子最好的榜样。

事实上，每个孩子生来都是一张白纸，后天的不同之处，在于父母在孩子心中植入了不同的精神世界。孩子是父母的一面镜子，从孩子身上，我们可以看到他家庭教育的痕迹。如果家里总是充满欢笑，孩子就可以快乐地生活其中，健康成长。

（2）快乐源自释放天性：因亲近自然而快乐，因快乐而健康成长

孩子的天性是与生俱来的，有着无限的想象力和创造力。如何保持和释放孩子的天性，让孩子获得快乐，在快乐中培养乐观品质，是所有家长的必修课。

释放孩子的天性，最好的方式是让孩子亲近自然，在自然中获得快乐。亲近自然的旅行、踏青，对孩子产生的积极影响要比关在屋子里学习大得多，因为大自然是孩子最好的课堂，更是孩子获得

快乐的好去处。

美国著名作家理查德·洛夫在其著作《林间最后的小孩》中用“自然缺失症”一词，来描述现代社会的孩子与自然缺乏联系的事实。许多医学专家认为，居住环境的自然景观少是儿童肥胖、注意力障碍和抑郁的重要原因。的确，城市中留给孩子的绿色生态空间越来越少，孩子的童年大多留给了游乐园、电子产品等，越来越多的孩子不知道该如何亲近大自然。

户外活动对孩子的灵巧性、身体协调性、触觉敏感性和知觉深度都非常有益。经过多年的跟踪研究，研究人员发现，亲近自然的孩子在自信、注意力、学习热情、语言能力、沟通能力、行为习惯、思考和身体素质等方面都比较突出。此外，孩子经常接触大自然，对自闭症、焦虑症等精神疾病也有很好的治疗作用。因此，让孩子因亲近自然而快乐，因快乐而健康成长，是每个家长的责任。

（3）快乐源自生命的愉悦：快乐更多的是来自内心

一个人的快乐，源于真实的自己。若事事都与人计较，心中充斥着怨气、嫉妒和傲慢等不良情绪，自然不会快乐，所有的不良情绪都是快乐的敌人。因此，用科学的办法引导并教会孩子内心豁达，心胸宽广，在这个过程中，快乐自然会从心里源源不断地被创造出来。

豁达是一种高尚的智慧。拥有豁达的心胸，是孩子快乐的源泉之一，也是孩子未来走向成功的基石。为了让孩子拥有豁达的内心世界，父母首先应该树立一个豁达的榜样。如果父母不够豁达，孩子就不会豁达。父母对人和事都有宽容的态度，不在乎眼前的得失，也会促使孩子养成一个豁达的性格。培养孩子豁达的心胸，还应该让孩子学会站在对方的立场思考，理解他人是孩子开明的基础。如果其他人做了侵犯自己利益的事情，那么首先要考虑对方的立场以及他们为什么这样做。孩子一旦能迈出这一步，就离宽容和豁达不远了。另外，要教孩子善于放下，放下与伙伴的分歧、个人偏见、面子以及得失，只有善于放下，才能拥有更加豁达的人生态度。

2. 孩子乐观开朗的主要表现

有这样一对孪生兄弟，二人的性格大相径庭，哥哥过于乐观，弟弟过于悲观。于是，父母给弟弟买了许多色彩鲜艳的新玩具，给哥哥送了一个装满马粪的盒子，父母想通过这种闹剧式的游戏，试着改变一下两个孩子的性格。

拆礼物的时候到了，所有人都等着看他们的反应。弟弟先拆开他那个巨大的盒子，突然哭了起来，然后气呼呼地说："你们知道这些玩具会玩坏的，怎么还买这么多！"正当父母手忙脚乱地希望哄他高兴的时候，哥哥好奇地打开了属于他的那个盒子，房间里顿时充满了一股马粪的味道。出乎意料的是，哥哥竟然欢呼了一声，然后兴致勃勃地东张西望起来，连连喊道："快告诉我，你们把马藏在哪儿了？不能光有马粪没有马呀，一定是你们藏起来逗我开心呢！"

这个故事说明：乐观者在每一次危机中都能看到机会，而悲观者在每一次机会中都会看到危险。

对于孩子来说，如果他是个乐观者，那么他就具有乐观开朗的性格特征，会对未来充满信心和希望，并为之不断进取。其实，那些乐观开朗的孩子身上都会有一些共同点，诸如自信、不容易生气、遇事不消极等，这些都是乐观积极的表现。

（1）孩子积极乐观的性格特征

积极乐观的孩子性格开朗，善于表达自己，也更容易结交到有相同特性的朋友，这些优秀品质叠加在一起，可以帮助孩子快速达成自己的目标。拥有一个乐观开朗的性格是人生最大的财富。

有一位儿童心理学家这样认为，乐观不但是迷人的性格特征，还有更神奇的功能，它能使人对生活中的许多困难产生心理免疫。从心理学角度讲，乐观的孩子不易患忧郁症，也更容易成功，身体也比悲观的孩子更健康。乐观的情绪，能够提高人的大脑及整个神经系统的活力，使体内各器官的活动协调一致，从而有助于充分发挥整个机能的作用，有益于健康和工作效率的提高。相反，悲观的情绪可能使人的整个心理活动失去平衡，对人的身心健康造成严重的不良影响。

（2）无论遇到什么事都乐观地认为自己一定能处理好

性格乐观的孩子一般都拥有较强的自信心，因为他们遇到什么事都乐观地觉得一定能够处理好，所以自信感一般都比较强。

有一个7岁的小男孩，父母突然离家，也没有告诉他缘由，他独自在家很惊慌害怕，感觉到自己可能处在“危险”之中，于是果断打电话报警。在和民警说明情况的过程中，小男孩把报警的缘由、自己家的位置、父母的名字及妈妈的电话等相关情况说得非常清楚。

这个小男孩之所以在慌乱之中还如此理智，正是骨子里的那份自信感，让他战胜了恐惧，可以沉着应答民警的各种提问。一个自信感强的孩子，长大后，内心也一定有着强大的气场，能冷静应对各种糟糕场面。

（3）心情愉快，看事物都是以乐观的角度看

心情愉快的孩子能从乐观的角度看事物，看到的一切都是美好的，能看到很多人看不到的东西，因为在看同一件事的时候，不同的人心里所产生的想法是不一样的。比如天下雨了，乐观的人想到的是万物开始复苏了，雨滴打在草坪上很舒服的样子。而悲观的人

是想着下雨了到处都是湿的，让人心烦。

贝尔被村里人称为“最乐观的人”。有一天山洪暴发，大水漫过村庄，贝尔却坐在自家屋顶上乐滋滋地唱歌。邻居划着船到他家，大声说：“贝尔，你的鸭子都被冲走了！”“没关系，它们都会游泳。”“你的麦子也淹光了。”“没关系，今年反正是歉收年。”“哎呀，水淹到你家的窗户了！”“太好了，我正准备擦洗窗户，这下省事多了！”

贝尔就是以乐观的角度来看待事物的，在他眼里一切都“太好了”，所以能够一直保持愉悦的心情。贝尔能够拥有一个乐观开朗的性格，这是他人生中最大的财富。

（4）遇到困难不消极，抗挫折能力强

如果一个人乐观的话，那在以后的生活道路上将会轻松很多，因为乐观的人遇事不会太过消极，这样有利于他们更快整理好情绪，继续迎接后面的挑战。

79 岁的刘老太是个苦命的人。饥荒年代丈夫饿死，留下了四个嗷嗷待哺的孩子和几间残破不堪的土房子。但就是这样的境遇，他们家却整天洋溢着欢快的笑声。“日子已经这么苦了，再不笑一笑，那生活真就没盼头了。”刘老太常常这样说。后来，她的四个孩子

靠着自己的努力，都有了不错的未来。刘老太八十岁大寿的时候，已做了大学教授的小女儿感慨道：“母亲的乐观，让我们在艰难岁月中看到了一线曙光，那道光照亮了我们的童年，指引我们在艰难的岁月中带着希望向前走。”这份乐观的传承，让人动容。

3. 培养孩子乐观性格的途径与方法

沙拉在她所著的《特别狠心特别爱——上海犹太母亲培养世界富豪的手记》一书中说，她的教育精髓就是“性格塑造”。沙拉一直在努力让孩子养成独立、坚强、乐观的性格。正是这样的性格，让她的孩子在激烈的社会竞争中，始终保持着强者的姿态。她的两个儿子在 30 岁之前，都成了商界精英。

对于孩子来说，乐观的性格是他应对人生中悲伤、不幸、失败、痛苦等不良事件的有力武器。如果孩子无法乐观地面对人生，就会意志消沉，对前途丧失信心，长此以往，还会损害身心健康。

俗话说“3 岁看大，7 岁看老”，孩子的 3 岁至 7 岁是性格品质养成的关键期。早期诱发理论认为，人的性格是在后天的环境中逐步形成的，乐观的性格可以通过实践逐步培养，悲观的性格也可以在实践中逐步改变。所以，培养孩子积极乐观的性格，需要父母好好引导。

（1）不要对孩子“控制”过严

中国台湾电视剧《你的孩子不是你的孩子》的第一个单元剧《妈妈的遥控器》讲了这样一个故事：纪太太在电视上看到一个可以操控儿子人生的“遥控器”，然后买了它，用来控制儿子小伟的学习。在妈妈的控制下，小伟一点儿休息的时间都没有，补习过后，凡是不会的都要学十几遍。小伟后来在图书馆认识了一个女朋友，却被妈妈发现了。小伟求妈妈不要按遥控器，可是妈妈不听，还是按了下去，认为这会影响学习。小伟再次回到图书馆时，他却不认识女朋友了。小伟完全变成了妈妈手中的牵线木偶，最后终于忍无可忍，偷走了妈妈的遥控器，并喊道：“这是我的遥控器！”可是妈妈却说：“你认为我只有一个遥控器吗？我有的是！”这时候，一辆卡车冲了过来，儿子站在马路上，因为下雨天的缘故，卡车司机差点撞上他，他却在这一瞬间下意识地按下了遥控器，时间回到了他和女朋友认识的时候。

这个故事告诉我们：有时候，父母的爱，是会伤人的。现实中，这种遥控器其实或多或少都存在，因为孩子小时候的大部分决定都是父母做的。以爱之名，控制孩子的想法、干预孩子的决定、插手孩子的人生，最终不是培养出一个父母的复制品，就是培养出一个无法融入社会的巨婴。

父母应该给孩子选择权来决定他自己想做什么。比如，年龄小的孩子可以选择吃什么样的午餐，年龄大的孩子可以选择穿什么样的衣服上街，再大一点的孩子可以选择在节假日去哪里玩或者找哪个同伴活动。这样的选择，会让孩子感受到真正意义上的快乐和自由。

（2）鼓励孩子多交朋友

红菱（化名）今年5岁，她的妈妈为了让女儿变得外向大方些，在红菱小时候就经常带她到朋友家串门，也经常让她邀请小朋友到家中玩，有意制造一些让她交友的机会。

有一年圣诞节，妈妈提议请女儿的好朋友到家里一起过节。红菱很高兴，连续几天兴奋地筹划她的第一个圣诞晚会。妈妈在圣诞树上挂满了彩灯和五颜六色的小礼物。平安夜那天，红菱邀请了四个小朋友来到家里，并跟他们说每人可以从树上摘一个礼物带回家去。小朋友们摘完礼物后，玩得特别开心。

红菱的7岁生日到了，尝到了上次当主人的快乐，这次她主动提出邀请几个同学到家里来庆祝生日，妈妈高兴地答应了。生日那天，来的同学都给红菱送了贺卡，上面写着祝福语。从这以后，红菱和同学们的友谊更深了。

红菱的妈妈鼓励孩子结交朋友，这有助于红菱接纳各种性格的人，也有助于红菱养成豁达的心胸、开朗的性格。事实说明，红菱妈妈的做法是对的。

不善交际的孩子大多性格抑郁，因为享受不到友情的温暖而感到孤独痛苦。性格内向、抑郁的孩子更应多交一些性格开朗、乐观的同龄朋友。所以，家长应该鼓励孩子多交朋友，同时自己也应与他人相处融洽，热情且真诚待人，给孩子树立起好榜样。

（3）允许孩子自由地表现悲伤

当孩子遇到困难的时候，往往会自然地流露出悲伤的情绪。这个时候，父母应该允许孩子自由地表现出他的悲伤。从某种意义上说，允许孩子自由地表现悲伤，比给予孩子快乐更重要。孩子有感知一切的权利。

孩子天生就有感知和信念，他们有能力感受世界的悲欢离合，有信念相信生命的向上力量。在成长的过程中，孩子不断地经历着各种各样的事情，那些快乐或悲伤的感觉可以唤醒他们的潜在情感。有的家长担心，如果孩子伤心流泪，可能会伤到孩子的心。其实没必要担心，能够准确捕捉情绪，不仅是处理自己情绪的关键，也是处理他人情绪时移情的基础，而感受和接受世界的不完美更是接受自己和他人的基石。

如果孩子在哭，父母要求孩子停止哭泣，不能表现出软弱，那么孩子会在心里积聚悲伤，久而久之，会引起孩子的消极心理。父母不应该因为孩子的悲伤或软弱而责骂他们，应该让他们完全发泄出沮丧。只要孩子发泄得足够多，他们自然会恢复心理平衡。当然，如果孩子需要父母的帮助，父母也应该及时安慰，用同样的心理去感受孩子的情感，尽量引起孩子的情感共鸣，从而缓解孩子的不良情绪。

（4）让孩子拥有广泛的爱好

10岁的小卓（化名）性格活泼开朗，爱好也很广泛。同时，他也是一个很有主见的孩子，很多事情他爸妈都让他自己拿主意。

小卓爱下中国象棋，也爱下国际象棋。平时爸妈都很忙，没人陪，他就经常自己和自己下棋。凭着自己的执着，小卓在六一儿童节举行的国际象棋大赛上取得了第八名，很荣幸地进入了校国际象棋社团。

小卓喜欢弹琴，从7岁开始学，他每天都按老师布置的作业练琴，每首曲目的谱子都要记熟，直到合上书也能熟练弹奏。学琴是小卓自己选择的，他认为心情不好时，弹会儿琴，心情就会舒畅些。小卓多次参加公益演出，也多次参加电子琴比赛，每次比赛都能获得不错的成绩。

小卓爱学习，上课认真听讲。老师每次布置的作业他都能认真完成。下课时，同学们有不会的题目都喜欢来问他，他每次都耐心地给同学们讲解。

小卓爱看课外书，包括科普类、历史类、文学类等。《三国演义》他看好几遍了，特别喜欢书中的诸葛亮，诸葛亮的神机妙算让小卓羡慕不已。小卓经常把书中的知识讲给同学们听，大家都非常喜欢听。

小卓爱劳动，每天回家写完作业，就帮助妈妈擦桌子、扫地、摘菜、浇花，他觉得做家务是每个家庭成员都必须要做的，不应该说成是帮忙。妈妈每天早起晚睡很辛苦，所以每到周末小卓都去外面买早餐给妈妈吃，想让妈妈多休息一会儿。妈妈养了好多花，小卓都很喜欢，但他不太清楚这些花各自的习性，就上网查，记清楚，然后再来照顾它们。

小卓喜欢旅游。他的爸爸妈妈都忙，没时间带儿子去他喜欢的地方旅游。小卓说等自己长大了，就带爸妈去他们喜欢的地方旅游。周末或节假日，妈妈常带小卓去离家比较近的地方玩：桃花开了，妈妈就带小卓去看桃花；牡丹花开了，妈妈就带小卓去看牡丹花；月季花开了，妈妈就带小卓去看月季花。去看花、游玩时，除了必须乘车的路段，小卓和妈妈都是步行的，这样既锻炼了身体，又欣赏了美景，可谓一举两得。

看得出来，小卓确实是一个爱好广泛的孩子，这和他父母的支持密不可分。这个故事告诉我们，开朗乐观的孩子心中的快乐源自各个方面，一个孩子如果仅有一种爱好，他就很难保持长久的快乐。但如果他有广泛的爱好，那么他的生活将变得更为丰富多彩，也必然会更为快乐。一个人应该有一个支撑自己整个生活和全部灵魂的支点，这个支点，就是培养更多的爱好和好的习惯。

（5）引导孩子摆脱困境

珍妮（化名）是个小女孩，她总是低着头，因为她总觉得自己不够漂亮。一天，她去商店买了一个绿色的蝴蝶结，店主连声称赞她戴上蝴蝶结很漂亮。珍妮很高兴，她抬起头，急切地想让大家看到，哪怕出门时把别人撞了一下她都不在乎。

珍妮走进教室，遇见了她的老师。老师惊喜地说：“珍妮，你抬起头走路的样子真漂亮！”说完拍了拍她的肩膀。那天，她受到许多人的称赞。她以为一定是因为蝴蝶结漂亮，但当她照镜子时，发现头上并没有蝴蝶结。她想一定是在走出商店碰到别人的时候弄丢的。

很多人因为太在意外表而失去了很多快乐，珍妮就是因为太在意自己的外表而不快乐，其实快乐就在她的心中。无论是贫穷还是富贵，无论是美若天仙还是相貌平平，只要你抬起头，就会有人看到你，喜欢你。

事实上，没有谁能够没有一丝烦恼地走完整个人生，谁都会遇上一些让自己烦恼的事情。当孩子遇到困境时，父母要多留心孩子的情绪变化。如果孩子闷闷不乐，父母无论多忙，也要挤出一点时间和孩子交谈，教育孩子学会忍耐和坚强面对，也可以帮助孩子克服一些困难，教给孩子用正确的态度和措施来保持乐观的情绪，这些都是促使孩子摆脱消极情绪的好方法。

（6）拥有自信十分重要

霍金在21岁时患上卢伽雷氏症，全身瘫痪，不能言语，仅有三根指头能活动。有记者问他："病魔将你永远固定在轮椅上，你不认为命运让你失去的太多了吗？"他从容淡定地用三根手指打出这样几句话："我的手指还能活动，我的大脑还能思维。我有终生追求的理想，我有爱我和我爱的亲人与朋友。我还有一颗感恩的心！”当他敲完最后一个字，全场掌声雷动。

霍金凭着这种笑迎生活的自信，不仅取得了辉煌的科学成就，也感动了身边所有的人。

事实上，一个自信的人，一定是一个心态乐观、积极阳光的人，他能够从容地应对生活，无论顺境逆境，都能笃定从容。父母要多给予孩子肯定，要注重培养孩子的自信心。

第八章

CEO 公正品质培养：让孩子按照同样的标准对待自己和他人

公正意为公平正直，内含一定的价值标准，是价值判断的基础。公正是一种值得颂扬的品格，是一个人道德修养的体现，当拥有一颗公正之心时，外在的行为将变得特别美好。培养孩子的公正品质，就是要求孩子按照同样的标准对待自己和他人，学会分享，寻求真理，并按照真理而行。公正品质的培养要注重孩子的正义感和是非观，这对孩子以后的成长是非常必要的。

1. 孩子公正观念的培养和发展

要想帮助孩子树立公正的观念，首先要了解孩子公正观的发展过程。对于这个问题，瑞士心理学家让·皮亚杰提出的儿童协同和正义观念发展三阶段非常具有权威性，可以作为我们培养孩子公正观的理论依据。

值得强调的是，这一节的理论探讨，将会极大地帮助父母对孩子的公正意识以及正义感的培养，具有真正的指导意义。

（1）孩子正义观念发展的三个阶段

让·皮亚杰认为，儿童的公正观念的发展经历了以下三个阶段：

第一阶段是服从的公正（2~7 岁）。这个年龄段的孩子因为没有规则道德意识，所以他们的公正观念完全来自成人，即对事物进行公正测试时会遵从成人的命令。

第二阶段是平等的公正（8~11 岁）。这个年龄段的孩子在进行公正测试时，不再完全认为父母说的都是对的。因为他们接触的规则已经很多，也逐渐内化了很多规则，形成了自己的一些道德规则标准，自律能力增强。同时，他们有了较强的主观判断能力，因此不再迷信权威，开始有了自己的主观判断。但是，尽管这个阶段孩子的认知能力增强了，但仍然有所不足，加之道德判断处理经验不足，使他们在面对具体情况时无法具体分析，只会刻板地依赖规则，规则面前人人平等。所以对于这个阶段的孩子来说，当权威与公平、平等冲突时，首先要考虑平等。

第三阶段是公道的公正（12 岁以后）。这一阶段的孩子在进行公正测试时，更多的是具体问题具体分析。因为这一阶段的孩子认知能力进一步增强，产生了演绎推理能力，在智力上已经接近成人了，因此独立判断能力更强。同时社会生活经验的增多，让他们对于规则、道德、法律等知识的了解也更为深入，他们意识到道德、规则并不是绝对公平的。因此他们在进行公正判断时，会基于自己内化的多种道德规则共同判断，从而得出更加公道的判断。

从上述三个阶段来看，儿童对于公正的认知是建立在儿童智力发展水平上的，同时伴随着儿童社会经验的增多而逐步发展，体现了由简单到复杂、由外在到内在的一个过程。

这个过程最重要的意义在于：教育在儿童的道德发展中起着非常重要的作用。首先，认知的发展作为道德发展的一个必要条件，可以通过教育的手段加以促进。其次，在儿童获得社会经验方面，根据儿童道德发展的规律，教育者可以控制不利于儿童道德发展的因素，营造有利于儿童发展的环境和条件。此外，这里的教育还包括同伴间的相互合作，比如在幼儿中开展游戏，特别是规则游戏和合作的游戏，可以培养儿童团结友爱的品质。

（2）幼年最早接触到的两类基本的公正观念

对于孩子公正观念的产生和发展，心理学研究表明，有两类基本的公正观念是他们最早接触到的。

第一类是对成人惩罚的公正性理解。如果成人不是严格地按照过错大小给孩子惩罚，孩子就会说这种惩罚是不公正的。这个时期的孩子，惩罚的公正性是他们关心最多的。

第二类是在分配上的公正性。如果成人在分配物品时，以牺牲一些孩子的利益来满足另一些孩子，他们就会认为这种分配是不公正或不平等的。当孩子逐渐长大，到了五六岁以后，他们就慢慢形成这种平等的公正观念，但真正形成，要到 11~12 岁。

（3）孩子是这样理解公平的

儿童对于公正的认知是道德认知发展的一个重要方面，因为公正是基于个体对外在的道德规则接受理解后，形成的内在价值标准；当面对具体问题时，基于内在的价值标准从而做出的行为判定。

例如，在管教严厉的家庭，当孩子犯了错误，父母常用体罚教育孩子。久而久之，孩子便建立了错误和体罚相联系的公正认知。那么别的孩子犯了错，他便会认为用体罚来惩罚他们是公正的，犯错就应该受到惩罚。而在相对宽松的家庭，当孩子犯错时，父母可能更多的是说服教育。那么孩子会建立错误和口头教育的公正认知。如果别的孩子犯了错，这个孩子的父母用体罚来惩罚，他便会认为这是不公正的，因为体罚太严厉了。所以，儿童对于公正的认知对于儿童内在的价值观形成有重要意义。

在平等的公正基础上，孩子对“平等”又有了新的认识。比如，他们认识到，平等不是绝对的，对不同年龄的孩子，应该不同地对待，大孩子有时候要让着小孩子，但是小孩和大人在大多数情况下应该受到平等的对待。

孩子能否认识到这两类公正性，不仅取决于他们的知识、经验，也取决于成年人对他们的教育方式，取决于他们和成年人建立的关系模式，更取决于他们和小伙伴之间的交往。

如果家长对孩子约束过多，成为孩子心目中的“绝对权威”，将不能促进孩子公正观念的发展；父母对孩子的奖罚不公正，也无助于孩子公正观念的形成；还有，如果孩子做了错事，家长听之任之、无动于衷，不给他的坏行为以恰当的惩罚，自然也不利于孩子公正观念的形成。所以，父母应该尽可能地给孩子一个公正的教育环境，促进孩子公正观念的发展，以满足未来社会竞争的要求。

2. 培养孩子的公正意识

4 岁的刘鹤（化名）有一个多月没见到姥爷了。一天下午，姥爷和他约好在商场见面。在商场前的广场上，刘鹤在 30 米外就看见了姥爷，立刻满心欢喜，一边喊着“姥爷姥爷”，一边一路狂奔过去，姥爷则在原地张开双臂迎接外孙。当姥爷抱起外孙时，却发现孩子脸上的开心样子突然消失了，看着很是委屈。姥爷不知道外孙怎么突然不高兴了，就问他为什么。外孙回答说：“我跑向你，你也应该跑向我，我们应该在广场中间相抱，可是你却站在原地不动，全靠我冲过来，这样不公平！因为不公平，所以我心里不舒服。”姥爷赶紧说：“对不起对不起，不过姥爷跑不动呀！”说完马上抱着外孙一起去逛商场。

在商场里，姥爷给自己买了一件衣服，又买了一本图文并茂的儿童书。刘鹤这时还想要一个智力玩具，但姥爷拒绝给他买玩具。

这让刘鹤不高兴了，脱口说道：“为什么大人可以想买啥就买啥，不用经过我同意，而我要买东西，自己却做不了主，一定要大人批准？这很不公平！”姥爷说：“因为大人花的是自己挣的钱，而小孩没有自己的钱，所以没有花钱自主权。”

刘鹤嘴里还在说着“不公平”三个字，不过脸上却是若有所思的样子，像是在琢磨姥爷刚才说的话。

所谓公平，就是用同一个尺度衡量所有的人或事，或者说是强调一视同仁，用以防止对于不同的人和事采取不同标准的情形。对于公平，不同的人有着不同的理解。成人公平观念受诸多因素影响，例如教育、生活阅历等，而孩子相对来说就比较纯粹，仅仅是一种对于平等尊重的诉求。刘鹤作为4岁的孩子，此时的公平只能是“服从的公平”（让·皮亚杰语），即遵从成人的命令。即使他感到自己有平等的需要（在广场中间相抱的需求，买玩具时的需求），但这种需要也会受限于成人（姥爷）的权威，也就是在这种需要与权威不发生冲突的情况下才能得到满足。

公平重在“工具性”，而公正重在价值取向。什么是公正？所谓公正，就是按照同样的标准对待自己和他人。在实际行动中，不因自己的私心和想法而偏带别人，注重分享，寻求真理，并按照真理而行。所谓同样的标准，就是不因自己的情感和利益需要而降低或提升标准。对自己和他人要用同样的标准，否则就失去了公正。

之所以要公正，是因为公正是一种值得颂扬的品格。拥有公正之心的人，其外在的行为常常是：我要考虑他人的感受、我要用同样的标准待人、看到别人受到不公正待遇时我要主持公道等。

因此，父母要在孩子的心里播撒公正的种子，着重培养孩子的规则意识和正义感，通过时间的浇灌、知识的滋润，父母就会看见孩子回报给父母、回报给社会的公正之举——按照同样的标准对待自己和他人。

（1）在幼儿期对孩子进行规则意识的培养

规则是我们在日常生活、学习、工作中必须遵守的行为规范和准则，幼儿期（1~3 岁）是萌生规则意识和形成初步规则的重要时期，培养幼儿规则意识，将会促进幼儿的终身发展。通过规则意识的培养，有利于孩子养成良好的生活卫生习惯，促进幼儿身心健康地发展，还有助于培养孩子的独立性和良好品质。

那么，如何培养幼儿的规则意识呢？

第一，养成规律的生活和行为习惯。在生活中，家长可以慢慢地让孩子学做物品收纳、玩具摆放、参与家务等，帮助孩子有序地生活，并逐步养成良好的自律习惯。

第二，坚持不溺爱原则。对于事先约定的规则，家长不应因孩子哭闹而“心软”，孩子哭时父母应该温柔而坚定地解释，让孩子明白哭不是解决问题的办法。同时，家长也不应该放纵孩子。

第三，遵守生活规则。孩子们对未知事物很好奇，但他们不能准确分辨什么是安全的和危险的。父母应为孩子制定一些安全规则，如在公共场所遵守交通规则、排队等候等。

第四，为孩子树立榜样。在教育孩子遵守规则的同时，父母要和孩子一起遵守规则，并示范正确的做法，强调正确的行为，这样会给孩子带来良好的示范效果，潜移默化地培养孩子的规则意识。

值得强调的是，由于教育观念的问题，有的幼儿家长对孩子的早期教育只注重智力投资，因而忽略了道德品质等非智力因素的启蒙与教育。时间长了，孩子就表现得缺乏自制力，行为自由散漫、任性自私、不守规则。从幼儿期对孩子进行规则的培养，父母在这方面应该重视起来。

（2）通过阅读故事，激发孩子的公正观

孩子普遍喜欢听故事，因为这件事可以让他们放松身心，没有压力。因此，父母可以经常给他们讲一些名人的故事。例如，霍金的故事、犹太人的公正故事等，让他们感到，像霍金一样取得巨

大成就的人，像犹太人一样创造奇迹的人，从来没有感叹过命运不公。通过这样的故事，他们会逐渐认识到上天对每个人都是公平的，自己虽然没有这方面的能力，还有其他优秀的才能，只要努力，一定能获得成功。

父母陪孩子阅读要讲究方法。比如，学会倾听孩子的心声，以引导而不是讲解的方式带领孩子阅读，通过巧妙提问帮助孩子习得新知识和新思维模式，不局限于描述图片或者朗读文本，可以给故事的不同部分建立逻辑联系，补充相关的细节等。

（3）通过参加比赛，感受公正性

公平竞赛，就是在统一规则下以更高的道德水平维护规则。孩子在比赛中遵守规则的精神是在传递一种社会秩序，培养孩子在违反规则时需要承受处罚的一种责任，从而培养孩子的社会责任和担当精神。

通过参加客观公正的比赛，可以让孩子感受公正观，如班级排球比赛、拔河比赛以及各个学科的比赛等。公平竞争是比赛的基本准则，这一准则强调公平是第一位的，在公平的基础上开展竞争。通过参加公平竞赛，孩子可以亲身感受到比赛规则制定的公平性、规则执行的公平性，以及比赛过程中裁判对比赛执法的公平性等。

按照瑞士儿童心理学家让·皮亚杰的观点，这些比赛规则将在孩子心中逐渐内化，进而形成孩子自己的一些道德规则标准，这不但能使孩子进一步自律，也有助于孩子摆脱权威的控制，产生属于自己的判断。

3. 施教者要注重培养孩子的正义感

孩子是普遍具有正义感的，但这种正义感是需要在外界不断的正面影响下才能逐渐形成的。所以，施教者一定要注重孩子这种正义感和是非观的培养，这样才能让孩子拥有一个非常正确的世界观和价值观。

（1）施教者要是非分明，不能世俗

父母遇事时不要随波逐流，而是要坚持正确的观点，比如别人做错了事情，家长要及时告诉孩子孰是孰非。在孩子眼里，父母是最好的老师。作为重要的施教者，父母一定要是非分明才行，对于某些事物的看法，一定要用社会普遍的价值观来看待，不能过于世俗。

例如，孩子想要参选学校优秀少年的评比，父母的态度和做法就会决定一个孩子的是非观念。父母可以告诉孩子，参选必须是通过自己的努力，不断进步，最终得到老师和同学的认可，才能当选；也可以告诉孩子，自己会给老师送礼，以帮助他当选。这两种做法会使孩子形成截然不同的是非观念。又如，看到一个男孩欺负女孩，可以问孩子，那个男孩做得对吗？为什么？如果换作是你会怎么做？这些问题都能引起孩子设身处地的思考。

（2）施教者要以身作则，从爱心抓起

无论是对大人还是对孩子来说，正义和爱是相辅相成的，没有爱的人也不会有正义感。正义感的表现有时是不假思索的，比如那些在紧急情况下自我牺牲的行为。因此，孩子正义感的培养应从爱的教育入手。有爱心的孩子更容易关注到周围的弱势群体，了解他们，尊重他们，帮助他们。

事实上，在孩子眼里，穷人、残疾人等弱势群体是权威作用下产生的结果，是社会中的不公平现象。对于这种现象，孩子最渴望平等，希望通过自己的正义之举，让这些人获得平等的待遇。这是孩子天性善良的表现，闪耀着人性的光芒。因此，父母平时在各种场合要以身作则，提醒孩子要尊重这些弱势群体，比如为穷人募捐、不歧视残疾人等。父母这样的做法，恰恰是在为孩子试图冲破

权威的藩篱而助力。与此同时，父母的以身作则，对于孩子的“公正测试”（让·皮亚杰语）将产生积极的影响。

培养孩子的正义感，父母也可以时常带孩子参加一些公益活动，如向孤儿院或偏远山区的儿童募捐、为受到不公平对待的弱势群体或个人发声等，让孩子学会关心和帮助他人，学会分享和传递一切美好、积极的事物。所有这些，都是在爱心依托下的健康而正义的行为，是孩子正义感的一种表现方式。

（3）施教者要教孩子不可莽撞地“见义勇为”

培养孩子的正义感，家长不能走入另外一个误区，只向孩子展示世界纯洁美好的一面。要以适当的方式告诉孩子，这个世界也有很多不公平的事情，在坚持正义时，要考虑自己的能力，不能蛮干，必要时要及时寻求帮助。

孩子们的思想意识相对简单，遇到事情很容易仓促做出决定。此外，从书本和电视上看到的热血英雄情结，让他们坚定了做自己需要做的事情的决心。比如，看到有人溺水，就要毫不犹豫地跳下去救人；看到火灾，就要冲进火场保护他人的生命财产；看到盗窃、抢劫等恶性事件，就要站出来面对坏人……这种行为有时不仅解决不了问题，还会让自己面临灾难。因此，培养孩子的正义感，必须注重方法。与其简单地鼓励孩子见义勇为，造成不必要的牺牲，不如学会动脑筋，见义智为，在保护自己的前提下挺身而出。对于孩子来说，面对紧急情况时，他们的正确做法应是去找大人帮忙或报警，寻求他人的帮助。

第九章

CEO合作品质培养：培养孩子的合作意识与合作能力

一个懂得合作的孩子，在他成人后会很快地适应集体环境下的工作要求，并能够发挥积极的作用。而不懂得合作的孩子，在当前和今后的生活中都会遇到很多麻烦，发生很多问题，但他却无所适从。因此，培养孩子的合作能力是非常重要的。要让孩子有与他人合作的能力，首先要培养孩子的合作意识。先有意识后有能力，这是一条成长之路，也是必经之路。

1. 培养孩子的合作意识

孩子对于合作并不陌生，但在现实生活中，孩子的合作意识还很淡漠。例如，当别的孩子有困难时，可能不会主动走上前去帮助，因为一点小事与周围的小伙伴们闹翻等，这些都是我们经常会见到的情况。与人合作是未来社会所需人才的重要条件之一，否则将无法立足社会。所以，做父母的一定要培养孩子的合作意识，让孩子懂得合作，学会合作，为未来事业的成功打下基础，成为社会需要的人才。

（1）孩子缺乏合作意识的表现与合作意识缺失的原因

有这样五个手指兄弟，它们一直相处得很好。但有一天它们突然吵了起来，开始吹嘘自己的能力，谁都不服谁。大拇指说自己是大哥，是最能干的；食指说自己最灵活，穿针引线什么都能做；中指说自己的个子最高，其他几个都只能站在自己旁边；无名指说自己是最值得信任的人，新人结婚就把代表忠诚的戒指戴在自己身上；小拇指说自己虽然小，但当人们拜佛时自己在最前面。五个手指正在吵吵闹闹，一个皮球跑了过来，它对五个手指说："谁能把我抬起来，谁的能力就最大。"大拇指听了，连忙说："我来我来！"但它怎么使劲都举不起来。食指、中指、无名指和小拇指也都争着说："我试试。"但谁都没有成功。皮球看了看说："你们单个手指力量不行啊，我看不如你们一起试试吧。"就这样，五个手指相互配合，一下子就把球举了起来。

手掌爷爷一直在一旁偷偷看着五个手指，从头到尾看得清清楚楚。看到它们一起把皮球举了起来，哈哈大笑，然后语重心长地说："你们不能只看自身的优点，批评别人的缺点，如果你们不合作，就什么事情都做不成。"从这以后，五指兄弟再也没有争吵过，凡事互相配合，大家合作得很愉快。

这个寓言故事告诉我们，很多事都需要合作才能完成。但在生活中，许多孩子总以自我为中心，缺乏与他人合作的意识。缺乏合作意识有各种各样的表现。

有些孩子性格孤僻内向，也不善于与人交往，不善于表现自己，长期脱离集体，体会不到集体生活的乐趣，也享受不到在集体中与他人合作带来的成功和愉悦感。他们从不积极参加集体活动，就算参加了也是充当配角。对需要集体合作完成的任务从不主动去做，有的人是不知道自己该做哪些事；也有的人认为反正是集体的事，我不做自有别人去做，一副“事不关己，高高挂起”的无所谓态度。

有些孩子往往成绩较好或能力较强，性格外向，活泼开朗，好表现自己，好逞强，喜欢领导别人。他们在集体中往往嗓门最大，好管闲事，无论什么事都要插上一脚。集体活动他们抢着参加，抛头露面的场合他们争着当主角，需要小组合作完成的任务他们总是抢着去做，总之干得最积极的就是他们。但实际上他们只希望自己独立完成任务，不愿与人合作，为的是在老师或者家长面前表现自己。

还有些孩子经常参加集体活动，他们认为这是责任，也愿意合作完成任务。但是，他们眼中的“合作”仅仅是把一项任务平分成几项，每个人做其中一项就行了，或者说只做分内的事情。当合作中需要他们多干点，或需要他们做出牺牲时，他们就不那么乐意了。

上述这些孩子的表现，基本代表了孩子合作意识淡薄的主要类型和特点。孩子为什么缺少合作意识？究其原因，不外乎受到家庭、自身及社会环境这几个方面因素的不利影响。

在家庭因素方面，大多数孩子在家庭中都处于中心地位，集父母、祖父母的关怀于一身，助长了孩子以自我为中心的意识。因而在交往过程中，只从自己的角度考虑问题而不顾及他人，甚至要求别人按自己的意志行事，希望别人围着自己转，却很少为他人着想。此外，由于父母、祖父母保护孩子的意识过强，不敢放手让孩子自立，所以代替孩子做了很多本应该孩子自己做的事情。这种"过度保护"让孩子失去了对环境最基本的适应力，丧失了与别人交往合作的机会。他们往往很少在意他人的感受，眼中只有自己而没有别人，缺乏集体观念，完全没有与人合作的意识。

从孩子自身方面来看，有些孩子性情孤僻、不合群，不懂得与人沟通，缺乏处理人际关系的技能，害怕与人交往，不能享受与他人合作的乐趣，所以不愿意与别人合作。

在社会大环境方面，现代的城市生活方式，封闭式的住宅和公寓，使得孩子与小伙伴的交流与玩耍越来越少，远离了发展孩子合作意识与能力的环境。在现代科技特别是网络快速发展的背景下，孩子可以通过网络自由查找想了解的资料，玩最新的网络游戏。这种人机交互的方式，越来越多地占据了孩子的生活，大大减少了他们在真实生活中与人交往的机会。这种足不出户、高度个人化的交往，加速了孩子合作意识的丧失。

对于孩子缺乏合作意识的问题，其实每一位家长都很担心，因为现在社会分工如此微妙，孩子不会与他人相处，不会合作，也很难立足于社会。所以，家长也希望培养孩子的合作意识和合作能力。其实，培养孩子的合作意识和合作能力并非一日之功，它需要家长在日常生活中精心栽培。比如，营造良好的家庭合作氛围，父母成为合作的榜样，给孩子提供合作锻炼的机会，让孩子感受到合作的快乐等，随时随地向孩子进行合作教育，以此培养孩子的合作意识。慢慢地，孩子的合作行为也会得到顺利发展。

（2）良好的家庭氛围是培养孩子合作精神的首要条件

家庭是最早对孩子发生影响的场所，而良好的家庭氛围是培养孩子合作精神的首要条件。家庭成员之间感情融洽，团结和睦，彼此尊重包容，在这样的家庭中长大的孩子，会表现出良好的心理品质，如乐观、开朗、自信、尊重他人、善于合作、有良好的人际关系等。因此，父母要努力营造民主、宽松、平等的家庭氛围，为培养孩子的合作意识提供一个有利环境。

在一个民主、宽松、平等的家庭中，父母应尊重孩子的意愿和人格，全方位接纳自己的孩子，适时以赞美、鼓励的语言同孩子说话。一般情况下，如果父母以民主、平等的态度去理解与尊重孩子，用委婉的语言与孩子交谈，就比较容易赢得孩子的合作。如孩子有了差错，家长可借故暗示孩子的缺点，而不当面数落，给孩子一个自我省查的机会。家长有了差错，也要向孩子认错道歉，请求谅解。这样做一方面可以使孩子明白父母已经考虑到了他的观点和利益，同时表明父母对孩子的尊重；另一方面，委婉的口气可以增加协调的气氛，降低反抗心理，从而赢得合作。

（3）父母要为孩子树立一个合作的好榜样

苏联著名教育家苏霍姆林斯基说："每个瞬间，你看到孩子，也就看到了自己；你教育孩子，也就是教育自己，并检验自己的人格。"千句万句的教导，都不如以身作则。孩子最善于的就是模仿，父母什么样子，孩子就是什么样子。因此，父母要为孩子树立一个良好的榜样。

父母必须把家庭成员之间的关系处理得恰当、合理。对邻居、朋友、来客都要热情、平等、谦虚、有礼貌。孩子会以父母为榜样，逐步养成尊重别人、爱护别人的良好品德。如家庭成员之间的团结协作，妈妈烧饭做菜，爸爸在旁帮着洗菜、择菜；爸爸妈妈一起打扫家里的卫生；奶奶买衣服，妈妈帮着出主意等。家庭成员之间能够分工合作、互相配合，这都能为孩子提供积极的行为榜样，孩子就会依照家长的做法和小伙伴交往。

（4）提供锻炼机会，培养孩子的合作意识

为了培养孩子的合作意识，父母要从多方面提供锻炼机会，比如参与家务劳动，参加合作性的运动和游戏，还可以提供与同伴合作的机会。

通过家务实践培养孩子合作意识，是为了让孩子知道自己也是家庭的一员，同时也明白了要学会尊重别人的劳动成果。提供家务实践，要注意按年龄段让孩子做家务，安排要适量，让孩子体会到做家务的快乐。

在上幼儿园之前，父母可以像做游戏般引导孩子做简单的家务。例如，丢垃圾、收拾玩具、独立刷牙、叠衣服铺床、摆桌子、擦灰、选择要穿的衣服等，并多鼓励、赞美孩子。

在4~7岁时，孩子就可以做更多具体的任务了。例如，准备第二天要穿的衣服、饭前摆好碗筷、饭后收拾餐桌、按颜色把要洗的衣服分类、给自己穿衣服、在帮助下洗小手帕小内裤、收拾小书包、将用完的毛巾牙刷放整齐、擦桌子、学习清洗瓜果蔬菜等。

在开始上小学后，也就是当孩子7~9岁时，孩子应在之前的家务基础上学会使用一些电器，当然一定要提醒孩子安全使用。参与的家务包括上学前整理好书包和穿戴、学习使用电饭煲煮饭、学习

洗碗、会用吸尘器吸尘、会使用微波炉、收拾自己的房间、在妈妈帮助下做简单的早饭等。

在孩子8~10岁时，父母可以让孩子参与到家庭计划的制订中，鼓励孩子提出自己的意见。例如，准备菜单、写采购清单、和父母一起做出行计划、会煮饭和做简单的菜、把衣服分类放进洗衣机清洗、叠衣服并放到衣柜里、保持自己的卧室整洁、帮助妈妈进行大扫除等。

与同伴合作也能培养孩子的合作意识，所以父母应多为孩子提供与同伴合作学习和游戏的机会，让孩子在实践中学会合作。父母应尽可能地为孩子创造与外界接触的机会，采用“走出去，请进来”的办法。

在闲暇时多带孩子到公园、小区的绿地等公共场合或亲戚朋友家去玩，鼓励孩子多与他人交往，多为孩子创造结交小伙伴的机会，也可邀请孩子的小伙伴到家里来玩。在游戏玩耍过程中，教育孩子必须大家共同商量、友好合作、相互配合，才能使游戏顺利进行下去。此外，共同整理玩具等活动都可以为孩子提供大量的学习和合作的机会。

各种活动也能为孩子提供实践合作的机会，让孩子在更加广阔的背景下学会如何与人交往，怎样为别人着想，以及如何与人合作。父母可以让孩子多参加一些合作性的运动和游戏，如踢足球、打篮球、跳橡皮筋等，这不仅是群体之间的对抗和竞争，也是团队内部的合作，非常有利于孩子合作能力和团队精神的培养。许多比赛是集体进行的，孩子被分成不同的小组，按规则比赛。这时，同组的孩子需要一起努力才能赢。如果一个孩子在分组合作中表现出自己的能力，那么他就会得到其他孩子的喜爱和支持，让孩子真正体会到团结合作的意义。如果孩子在游戏中经常受到其他孩子的喜爱和信任，将大大提高他们的组织能力和指挥能力。

（5）感受合作的快乐，以巩固、强化孩子的合作行为

当孩子做出合作行为，如做完一件家务后，父母应当真诚地表示感谢，让孩子感到被需要，事情没有他的参与是做不成的，以此来巩固、强化孩子的合作行为。

当看到孩子能与同伴友好地配合做事，父母要及时给予肯定、鼓励。父母赞许的目光、肯定的语言以及轻抚孩子的肩膀、竖起的大拇指等动作，都能使孩子受到极大的鼓励，在心理上得到满足，从而强化合作的动机，愿意更多、更自觉地做出合作行为。此外，家长还应注意引导孩子感受合作的成果，体验合作的愉快，激发孩子进一步合作的内在动机，使合作行为更加稳定、自觉化。

2. 培养孩子的合作能力

培养孩子合作意识的最终目的是让孩子具备合作能力。作为父母，让孩子学会与他人合作是一件很重要的事情，越有能力与人合作的孩子，越会获得事业的辉煌和人生的美满，即使是在重大灾难面前也会逢凶化吉。事实上，唯有具备合作能力的人，才能在社会上更好地生存，才能创造文明。

有个外国老太太来中国，她找了几个孩子，让他们做一个游戏。她把几个拴着细线的小球放进一个瓶子里，瓶口很小，一次只能容纳一个小球通过。她说这是一个火灾现场，在有限的时间内每个人只有逃出瓶子才能活下去。她让每个孩子拿一根细线开始操作，只见几个孩子按顺序挨个儿把小球取了出来。老太太很惊讶，她在许多国家做过这个实验，但没有一个成功过，那些孩子无一例外都争先恐后地把细线拼命往上拉，导致所有的小球都堵在瓶口。

这个故事说明：只有真正具备合作能力，才能把事情做好，才能取得圆满成功。

（1）培养孩子在合作中欣赏和接受他人的能力

合作就是取长补短，是双方优势的融合和弱点的互补。只有当我们认识到对方的优点并欣赏对方的优点时，合作才有了实现的基础，才能获得圆满成功。因此，父母应该经常给孩子灌输这样的观念：在合作中只有真诚地欣赏他人和从心底接受他人，合作才能顺利进行并取得成功。

骆驼长得很高，羊长得很矮，它们是好朋友。这一天，它们一起去公园，讨论“长”和“短”哪个更好。骆驼说：“当然长好，不管树叶有多高，我都能摘到。”骆驼说完，一抬头就咬了一口高处的树叶。羊伸了伸脖子，却够不着一片叶子。当它们来到公园的篱笆门前时，羊拱起身子吃到了里面的草，然后说：“我看还是短最好，你看，篱笆门里的草多嫩啊！”骆驼伏下身来想钻进去，但怎么也做不到，最后没有吃到里面的草。骆驼和羊各持己见，都不同意对方的说法。最后，它们共同决定找老牛做个评判。老牛说：“长的能吃到高处的树叶，短的能吃到低处的草，你们不能只看到自己的强项，看不到别人的强项。”这时骆驼和羊才明白，原来自己的劣势正是对方的优势，看来对方还是有许多优点的。只有欣赏别人的长处和优势，互相学习，才能做好工作。

我们也许都知道这个道理，但不经意间还是会犯骆驼和羊的毛病，习惯了只看到自己的长处和别人的缺点，喜欢把自己的长处和别人比较，却不相信别人的长处和成就。其实，生活不是缺少美，而是缺少发现美的眼睛，每个人都应该发现并真诚地欣赏别人的优点。在合作过程中，当孩子欣赏他人时，就会发现自己的不足之处，产生向他人学习的积极愿望，从而使合作关系更为融洽。每个人都希望自己被别人接受，在合作过程中，当孩子接受他人时，就是内心深处的一种悦纳。悦纳别人的孩子会有一个平和的心态，不会故意挑事，也不会拒绝接受别人的批评，这对合作具有非常积极的作用。

（2）培养孩子在合作中关心他人和体贴他人的能力

关心他人和体贴他人是高尚的道德品质，孩子在合作过程中关心和体贴他人，就会考虑他人的兴趣和需要，并为此做出自己的努力。这有助于孩子与他人的沟通，也有助于合作顺利进行。

在公共汽车上，一个七八岁的男孩上车后又挤又钻，抢先占了两个座位。男孩的妈妈上车坐下来后，抱着孩子又亲又夸，孩子自然也认为自己做了一件好事，非常高兴。这时，上来一位老大爷，抢座的孩子无动于衷。在另一个座位上的孩子主动起身挤到他妈妈怀里，然后很有礼貌地说："爷爷您坐到这儿吧。"老大爷说声："谢谢。"孩子回声："不用谢。"赢得了不少乘客赞许的目光。母亲轻轻地拍拍孩子的头，表示赞赏。这两个孩子谁更懂得关心和体贴他人？答案不言自明。

能够关心和体贴他人意味着孩子可以尊重他人，平等和礼貌地对待他人。关心和体贴他人不仅是为他人着想的表现，也是一种领导和激励他人的表现。只有当人们感受到领袖的关心和体贴，才能忠实地追随他。这种关心和体贴其实是一种精神动力，从这个角度来说，关心和体贴他人不仅可以培养孩子的合作精神，也可以培养孩子的领导风范。

（3）培养孩子在合作中主动与人分享的能力

每个孩子都是独立的个体，正因为这样，他们也需要朋友，需要在分享中获得满足感。"一份快乐，与别人分享，就会变成两份，自己快乐，别人也快乐；一份难过，与别人分享，难过就会变成一半，轻松很多。"分享是与他人相处的基础，分享也是合作的基础。

鼓励孩子在合作过程中主动与人分享，有利于培养孩子的合作能力，也会提高合作的质量。

培养孩子在合作中主动与人分享的能力，需要父母根据孩子的年龄，来判断他能够做哪些力所能及的事情。例如家庭的清洁卫生，父母可以和孩子进行一些讨论，谁负责扫地？谁负责抹桌子？谁负责清理物品？然后根据列出的项目逐一完成。这种讨论就是一种很好的分享方式，讨论的过程也是孩子参与家庭事务的过程，这对孩子来说是一个很好的学习实践机会，还可以让孩子思考为什么要做这些事情？如何完成这些任务？

在计划执行过程中，让孩子将自己的体会，比如要花费多少精力和时间、遇到哪些困难等与父母分享，这样既可以让孩子体会到大人的辛苦，也能锻炼孩子分享的能力。

当劳动结束后，可以让孩子继续分享自己的感受。例如，在劳动过程中，遇到的困难是如何克服的等。与此同时，父母要给予孩子一定的奖励，不管是物质奖励还是精神奖励，当孩子表现出分享或合作的行为时，应该及时用鼓励、赞许、奖励的方法来肯定孩子的行为，让他们体会到合作与分享的快乐。长此以往，合作与分享便会逐步成为孩子自发的意识。

只要父母愿意让孩子参与家庭事务的计划、实施过程，就能够帮助孩子在心中建立起家庭是一个生活团体的概念，在这个团体当中的每一个人，都应该积极地参与其中，各司其职，互相帮助，这样能大大提高孩子的分享和合作能力。

除了在家庭事务中培养孩子的分享能力外，还应该扩大孩子的交往范围，鼓励孩子多参与集体活动。假如孩子的同伴范围比较有限，孩子就很难学会与他人分享和合作，更不要说体验到分享和合作带来的快乐和成长了。如果我们能为孩子创造更多的机会，与其他的小朋友一起玩耍，锻炼其社会性，慢慢就能让孩子在玩耍的过程中变得大方得体，学会与他人交往的技巧，养成关爱他人、换位思考、谦让友好的性格。

值得注意的是，无论是在家庭事务中还是在更大范围上，当孩子表现出不愿意合作并做出拒绝分享的行为时，父母切记不可以直接大声地训斥或批评孩子，一定要先弄清楚孩子不愿意这样做的原因是什么。多一点时间，多一点耐心，如果想让孩子懂得分享，父母首先要去学习如何分享孩子好的心情和不好的心情，只有知道了孩子抗拒分享的真正原因，才能够进行正确、合理的疏导。另外，父母要以身作则，切忌在孩子面前说不利于分享和合作的话语，以免误导孩子对于“合作”“分享”的理解。

分享和合作是美德。孩子在成长的过程中能够逐渐学会分享，对孩子未来的发展非常有利。培养孩子的分享能力，是为了让孩子从趣味的分享活动中，真切地感受到分享带来的快乐。不能让孩子把分享当成换取报答别人或取悦别人的手段，那只是一种“虚假分享”。但也不能让孩子无底线地去分享家里的一切和自己的一切，那是一种“过度分享”。所以我们要培养孩子，发自内心地“自愿分享”“合理分享”，让孩子从他人的角度出发，体验他人的情绪，学会理解，这样会让孩子拥有开朗、乐观的性格和良好的社交能力。

（4）培养孩子如何在平等的原则下为人处世

有一天，丽丽（化名）去上学，在学校的楼梯上，她遇到了自己班里一位腿有残疾的同学。于是她走上前说：“我扶你吧，咱们慢慢走。”有残疾的同学连声道谢。当他们走进教室时，看到两个调皮的男生在模仿残疾同学走路的样子，那位残疾同学伤心地哭了。丽丽非常生气，上前阻止他们说：“你们这样做，实在是太不尊重别人了。我们大家都是平等的。想一想，如果你的腿有残疾，还受到这样的嘲弄，会是什么感受呢？”那两个男生被说得哑口无言。

平等，对于一个孩子来说具有特殊意义，尤其是8~11岁的孩子。虽然这个年龄段的孩子已经形成了自己的一些道德标准，但由于年龄的限制，只会刻板地依赖规则，很多情况下他们首先考虑的就是平等，特别强调在规则面前必须人人平等。因此，在孩子与人合作的过程中，要教育孩子如何在平等的原则上为人处世，这一点十分重要。

培养孩子在合作中遵循平等的原则，首先要让孩子懂得人格的平等，在人格上人与人之间永远是平等的，这样才能互相信赖、进行合作。同时要教育孩子严于律己，宽厚待人，尊重他人，不轻易怀疑、怨恨、敌视他人，因为这是孩子独立人格的重要体现。另外，要让孩子进行换位思考，多想想合作伙伴的需要，鼓励孩子和伙伴一起解决合作中面临的问题，这样才有助于公平合作。所有这些都是平等原则的具体体现。

（5）教给孩子合作的技能，指导孩子怎样去合作

由于缺乏社会交往经验，孩子可能不会在需要合作的情况中自发地表现出合作行为，也可能不知道如何去合作。这就需要家长教给孩子合作的技能，指导孩子怎样去合作。

通过具体的活动场景，父母可以生动形象地向孩子解释什么是分享与合作，还可以根据孩子在沟通交往中可能出现的冲突，向孩子提出一些问题，引导孩子总结解决冲突的正确方法。例如，

当孩子们下棋时，每个人都想赢，所以争吵耍赖时有发生。父母可以让他们知道如何谦虚，如何遵守规则，如何讨论问题，等等。比如，几个孩子一起玩的时候，让他们一起讨论和分配角色；遇到冲突的时候，家长应该尊重孩子，让孩子表达自己的意见，引导他们比较“看法”，最终共同确定一个大家都满意的方法等。

通过这些具体的合作情境及互动，孩子将逐渐学会合作的方法和策略。他们会知道，在玩游戏之前，大家应该一起讨论；当遇到冲突时，应该协商解决问题；当玩具或游戏材料不够时，应该互相让步，轮流玩；当伙伴遇到困难时，大家应该主动用行动和语言帮助对方；当自己遇到困难时，可以主动寻求其他人的帮助。通过这些具体的合作情境和家长的有效引导，相信孩子一定可以学会合作。

第十章

CEO好奇心品质培养：打造和呵护孩子的核心竞争力

教育的关键是打造孩子未来的核心竞争力，也就是好奇心。培养孩子好奇心的品质，首先要意识到好奇心对孩子发展的重要性，然后围绕求知欲、兴趣、知识、创造力、专注等重要的点，想办法做一些事来鼓励孩子天生的好奇心。比如抓住他们正在感兴趣的事物或主题做进一步的扩展，耐心对待他们的“为什么”，启发并带领他们一起寻找答案，而不是只满足于“正确”的答案。

1. 好奇心对孩子的重要意义

好奇心可以改变世界。当你对这个世界感到好奇时，一些微不足道的事情也可能会创造奇迹。牛顿对一个苹果很好奇，所以他发现了万有引力；瓦特对水壶冒出的蒸汽感到好奇，最后改进了蒸汽机；伽利略看到吊灯在摇晃，结果发现了单摆；爱迪生小时候看见母鸡孵蛋，也试着孵蛋一天……科学家对生命现象有足够的好奇心，心理学家和教育工作者对人的差异有足够的好奇心，作家对人的内心秘密有足够的好奇心，经济学家对消费现象有足够的好奇心等，足够的敏感性、好奇心和研究能力，正是推动科学和艺术发展的动力。

（1）好奇心有助于孩子保持开放的态度

西汉时的匡衡是农民的孩子，他小时候想读书，但因为家里穷，没钱上学。后来，他开始和亲戚一起识字，有了读书的能力。但匡衡买不起书，只好借书读。那时，书很值钱，有书的人不会轻易借出。匡衡就在农忙季节给富人工作，不要工钱，只要求借书给他。几年后，匡衡长大了，成为家里的主要劳动力。他整天在地里干活，只有中午休息时才有时间看书，所以一卷书通常需要十多天的时间才能读完。匡衡很着急，白天种庄稼没时间看书，就利用晚上的时间看。但由于家里穷，没钱点油灯，该怎么办呢？一天晚上，匡衡躺在床上，心里默背白天读过的书。这时，突然看见东墙上有一道亮光，他立刻站起来向墙边走去，原来是邻居家的光从裂缝里射进来了。匡衡灵机一动，拿起一把小刀，把墙上的裂缝挖大了一些，这样就更透光了。于是，他凑近透过的光线，认真看起书来。匡衡就是这样刻苦学习的，汉元帝刘奭即位后，他成了著名的经学家且官至宰相。

匡衡少年时的借书苦读和凿壁偷光，体现了一个孩子对知识的渴望。正是这种强烈的求知欲，使他后来成为一个很有学问的人。

孩子开放的态度就是求知欲，指的是有愿意、有兴趣去接触、了解自己并不熟悉的东西，体现出来的就是好奇心。父母要认识到孩子对新事物都有求知欲，要保护孩子的求知欲。父母或许并不能回答孩子的所有问题，但可以用一种认真积极的态度来引导，和孩子一起探索，让孩子学习探索知识的方法，体会和家长一起学习的乐趣。

当孩子问，蜗牛吃什么呢？这个问题或许父母也不知道，但可以和孩子一起观察一只蜗牛，看它会吃什么；或者和孩子一起在网上、书本中寻找答案。这样孩子会觉得自己的问题被重视，是有意义的问题。孩子也会更有勇气和兴趣提出更多的问题，在提问和搜寻知识的过程中，就慢慢形成了探索知识的兴趣和习惯。假如，孩子经常问关于植物的问题，那父母可以带孩子去植物园一起观察和探索；孩子经常问动物的问题，就带孩子去动物园。跟随孩子的兴趣会让旅游和娱乐活动更加有意义，既丰富了孩子的知识，也让父母在陪孩子探索的过程中学到很多新知识。

在陪孩子探索的过程中，父母也可以不断提出新的问题，比如在探索蜗牛的饮食时，可能会想到蜗牛的作息、天敌之类的问题，那么就可以问孩子这些问题，引导他们去思考。在和孩子交流的过程中，要认真听孩子的意见，尊重孩子的想法，这样会让孩子更加有信心去探索。

（2）好奇心有助于孩子产生广泛的兴趣

有好奇心的孩子，对身边的事物有着广泛的兴趣，善于观察和提问，仿佛是怀着一种激动、有趣、欣喜的心情去接近一切新事物，努力加以探索，一直到心满意足为止。

孩子会在不同阶段，萌生不同的兴趣。有的兴趣只是一时兴起，“三分钟热度”。而有的会一直持续，成为一种长久的坚持，并日益增强，变为促使孩子主动探寻未知的动力。作为父母，需要做的就是用高质量的陪伴，保护好孩子好奇与探索的热情。

当你开始发现孩子的兴趣所在时，首先要从孩子的角度接受他的兴趣，并用心去体验和分享。当他想停下来看路上的花草时，你可以停下来和他一起看；当他有一个意想不到的发现时，你和他一样兴奋和惊讶；当他在纪录片中看到他喜欢的植物即将出现时，你马上跑过去等镜头；当他发现雏菊种子有小钩子后兴奋地告诉你时，你装作不知道并感谢他告诉你这个新发现……

孩子的感受就是父母的感受，父母只有拥有和孩子一样的童心，才能去体会和分享孩子的各种惊喜，才能给孩子所期待的回应和共鸣。这种情感上的共鸣会让他更有兴趣和热情去发现和观察一切，去探寻他想知道的各种问题的答案。

孩子需要真正的玩伴。事实上，他们在精神上需要真正的玩伴。比如，我们可以和孩子一起把落叶堆在树根旁的地上，给树施肥；可以和孩子一起管理和爱护小菜园，及时为高大的菜苗搭架子。这种精神上的陪伴会给孩子带来极大的探索欲望，也会让孩子感受到家庭的祝福和美好。

孩子的兴趣来得突然，要想它来得快、去得慢、持续久，作为父母，支持孩子兴趣的方法有很多，不一定是着急地把他送到兴趣班，也不一定是提供多少物质上的支持，更多的是需要从孩子的视角，用孩子的心态和他一起去体验，给予精神上的支持和陪伴。孩子能够做他感兴趣的事，一定会给他留下一段快乐而难忘的童年回忆。

（3）好奇心可以让孩子获得更加广泛的知识

好奇心的产生是要受到已知知识的启发的。已知的知识有一种群聚效应，会使人对于暂时还没有解决办法的未知世界产生探索欲望。已有知识越多，好奇的探索欲望越强烈。所以，知识和好奇心是相互促进的，父母应该努力帮助孩子获得更加广泛的知识。

人类知识的来源有两个途径，即通过亲身实践获得的直接知识和从别人的实践经验中获得的间接知识。间接知识是“死的”，而直接知识是“活的”。活的直接知识要靠失败、站起，再失败、再站起的亲身经历来获取。因此直接知识越丰富，人就越成熟。

当然，间接知识也不可或缺，从书本上、网上、别人讲的故事里和父母的言谈举止中，都可以获得必要的知识。不过父母要更加注重孩子直接知识的获得，为孩子提供更多实践历练的机会，传授必要的实际操作方法等。

仅帮助孩子掌握知识其实是远远不够的，掌握知识是为了解决问题，所以要帮助孩子运用知识更好地理解这个世界。因为对于孩子来说，真正对未来有着更长远意义的，是利用知识来建构自己对世界的理解。这里的理解，就是孩子能回答关于“为什么”和“怎么样”的问题，就是能在学了之后用到实际场景中，并且能从他人的角度考虑问题，也能够反思自己。在这样一条“理解”的道路上，需要父母及孩子付出一生的努力。

（4）好奇心会使孩子有更多的创造力

好奇心强的孩子善于思考，遇到什么新鲜事都喜欢问为什么。这种孩子遇到自己感兴趣的内容会特别专注，思维也特别活跃，观察力、模仿力、创造力都能达到一个新高度。

来看看下面这位妈妈的做法：

7 岁的辰皓（化名）刚上一年级时，有一次，老师布置了一个植树主题的手抄报作业。辰皓对着白纸直抓脑壳，有些焦急。辰皓妈妈鼓励他说："你幼儿园学过画画的呀，怎么现在就不会了呢？"辰皓更急了，央求妈妈说："我不会，我不知道做什么，我也怕做不好。"妈妈顿时无语。

辰皓从小就特别爱画画，尤其是喜欢的玩具，他会不停地问、不停地画，每次还都像模像样的。同时他也是个问题小能手，家里家外、动物植物，只要是没见过的没听过的，他都特别好奇，问个不停。有时妈妈工作一天，又累又乏，孩子凑上来问问题，妈妈就会摆摆手说，去去去，一边玩去！怎么那么多问题，别问了，烦不烦！

现在上小学了，作业多了，妈妈每天关注的就是辰皓的学习成绩，让他除了学习不能看电视，也不能出去玩。辰皓渐渐地不那么爱问了，好像对什么都没有兴趣，做作业也要三催四促才会去做。妈妈感叹，孩子的好奇心是被自己亲手扼杀的！

下面这位妈妈就做得很好。

6岁的元凯（化名）有一次画了一条浑身长刺的小鱼，后面有一条大鱼在追。元凯对妈妈说，小鱼跑得不快，但它浑身长满了刺，所以大鱼也没办法吃了它。妈妈听后哈哈大笑，没想到孩子想出来的避免弱肉强食的办法就是加强小鱼的防御能力。画面上还有一条小鱼则长得跟海草一样，元凯说那样大鱼就看不见它了。妈妈很清楚地记得元凯以前根本没有接触过进化论以及动物的拟态之类的内容，可是孩子通过自己的思维，可以得出与自然界生物进化规律类似的结论，怎么能不让妈妈感到骄傲！

后来元凯长到 9 岁，又开始对武器感兴趣，然后还提出了生物武器的“理论”，认为可以组建一个动物大军帮助人类抵御外星人的侵略。再后来，元凯自己设计了一辆坦克，说它不仅可以水陆两用，横跨沼泽，还可以像变形金刚一样变成飞机在天上飞。妈妈心想，别看现在元凯这样天马行空，说不定哪一天，我的小元凯就能把这一切变成现实。

好奇心相当于种子，创造力就是它的萌芽。上述两位妈妈在面对孩子的奇特想法时，态度和做法是不一样的，因而教育的结果也大相径庭。前一位妈妈的故事警示我们：如果对孩子好奇心视而不见，慢慢地孩子就会不愿动脑思考，创造力也得不到发展。不要因为我们的粗心，让孩子失去了好奇心。

（5）好奇心可以使孩子更加专注

孩子的智力开发和家庭教育有着密不可分的关系。家庭中，父母对待孩子好奇心的态度，影响着他的认知习惯，包括对待事情的专注度。事实上，孩子在无目的的探索中，一旦遇到自己感兴趣的事情，就会更加专注。

专注就是指把视觉、听觉、触觉等感官以及心理活动集中在某一事物上，并且持续一段时间不受外界干扰的能力。法国生物学家乔治·居维叶说道："天才，首先是注意力。"耐心与专注，是每个孩子都拥有的内在能力。好奇心是孩子成长的原动力，也是孩子能够专注于某件事的根本原因。保护孩子的探索行为，就是在保护孩子的专注力。

孩子先天气质不同，专注力表现不同，在陪伴孩子的过程中，了解孩子的需求、尊重孩子的行为、找到孩子的兴趣，专注力是可以培养的。培养的方法其实不复杂，关键还是要看父母是否愿意去执行，如果能够长期坚持并多管齐下，就一定会使孩子的专注力产生量变到质变的变化。

2. 培养孩子好奇心的途径和方法

好奇心要从孩子小时候抓起，让他从小做一个怀有强烈好奇心的孩子！培养好奇心不一定是在学校，父母自己也可以完成。被誉为“现代飞机发明者”的怀特兄弟表示：我们最需要感谢的，是出生在一个任何时候都鼓励好奇心的家庭。

（1）鼓励各种玩法，在好奇中激发创新思维

玩耍是孩子的天性，是孩子的权利，也是孩子学习的重要课堂。在学前时期，玩耍是孩子获取知识的主要途径；上学后，有了学习压力，玩耍仍是保证孩子身心健康不可缺少的生活内容。哪怕在孩子为迎接中、高考，需要高度集中精力的时候，也要让孩子有玩的时间。因为玩可以让孩子紧张的神经得到放松，达到劳逸结合的目的。当然，要教育孩子，做什么事情都不能一心二用，玩的时

候可以尽情地玩，学的时候则要全神贯注，不能边学边玩。

培养孩子的创新思维，要从好奇中激发，在动手中实践。因此，父母要做孩子热情的玩伴，尽量抽时间和孩子一起玩。这样不仅可以增加亲情，把孩子玩的兴致引导到那些有益于身心健康，有益于智力、能力开发，有益于培养孩子各种优秀品质的游戏上来，还能提高孩子玩耍的安全系数，有效防止孩子在玩耍中造成自伤或他伤。

孩子的天性是玩耍，所以做完作业后，父母要给孩子自由玩耍的时间。可以在家里做手工，如捏橡皮泥、叠手工纸等，也可以和朋友在楼下骑自行车、玩游戏等。在玩的过程中，孩子发散性思维得到拓展，好奇心和创新意识逐渐形成。

有一次，俊哲（化名）将家里的手纸卷筒留下来，在卷筒四周涂上了五颜六色的图案后，手拿卷筒，放在眼睛前面，然后高兴地问妈妈："妈妈你看，我废物利用，做的这部望远镜怎么样？"妈妈表扬了俊哲的创新行为。

还有一次，俊哲和爸爸用一条20厘米长的丝带、一根直径1厘米的圆柱木杆，以及药箱、彩纸和棉线做了一杆秤，并利用这杆秤进行实际操作。俊哲和爸爸称一些小东西，再说出重量，然后做一个买卖商品的游戏。孩子对这个游戏很感兴趣，他问爸爸，为什么只有当重量和秤一样的时候，天平才会平衡？他还问到，在古代没有发明电子秤的时候，有没有人用我们手中的这杆秤买卖东西？孩子在游戏过程中提出的任何问题都是好奇心激发的创新思维。对于孩子提出的问题，父母应该认真地给出答案，让孩子在快乐的游戏中获得更多的创新思维。

（2）多融入大自然，进行户外出行活动

大自然是孩子最丰富、最有趣、最吸引人的教科书。通过户外运动，大自然能刺激孩子敏感的神经，锻炼孩子敏锐的观察力和思考的能力。然而，尽管许多家长承认孩子早期教育的重要性，却忽视了带孩子走向自然这最重要的一课。事实上，城市里的许多孩子从来没有到过农村，没有见过牛、羊、鸡、鸭，不知道稻谷、麦子、大豆、玉米、薯类这“五谷”，不知道什么是水田、什么是旱田，却让他们背诵那些描写美丽自然和美丽小山村的歌或古诗。会背诵却不能理解，又有什么用？

见识、见识，有见才能有识。如果我们能让孩子尽可能地接近、拥抱大自然，许多植物学、动物学、矿物学、天文学、地理学以及历史知识和一些民俗知识，他们会很容易学习、理解和记忆。面对大自然，孩子会问，春天为什么是发芽的季节？为什么植物在

夏天和秋天长得很茂盛？为什么腊梅在冬天开花？为什么我们看不到大海的尽头？为什么山的两边有这么多岩石层？这条蚯蚓怎么了，它在干什么？等等。只有当孩子与这些活生生的事物直接接触时，他们才能有更深层次的问题和更强的学习欲望。

融入大自然，进行户外出行活动，既可以做合适季节的出行活动，也可以选择不同地点、不同主题的活动。比如四季最有趣的事，春天和小蝌蚪一起找妈妈，夏天可以在雨里奔跑，秋天吃丰收的水果，冬天就在冰上滑着玩。至于活动地点和活动主题，可以做户外活动的地方有很多，可选择的活动类型也很丰富。

例如，田园活动包括收获水果、喂养牲畜等，孩子的活动不仅能看到动植物的生长，还能加强与生活的联系。森林活动包括远足、野营等，可以有效提高孩子的环境适应能力。海边是一家人玩耍的好地方，孩子不仅可以亲近水，还可以充分发挥想象力，做冲浪、泼水、堆沙堡等各种活动。在溪流边，孩子可以玩水、堆石头、挖沙子和观察溪流生态。

带着孩子一起融入大自然是一种很好的“自然教育”，但“自然”二字不仅是指山野中的自然环境，更指“顺其自然”，如果方法不对，这种教育也可能适得其反。另外，带孩子参加户外运动，家长就是孩子的表率。这种表率不仅是坚持走完全程，更是在理念上的身体力行。

（3）选择图书馆、科技馆、博物馆等“对”的地方

带孩子去看大世界，基本是什么地方都能去。有条件的可以去世界各地走一走，没条件的，家附近总有一些“对”的地方，如图书馆、科技馆、博物馆等，都会给孩子带来启发，是适合激发孩子探索欲的地方。在博物馆，孩子可以触摸历史，感受厚重的历史文化；在图书馆，孩子可以体验阅读，丰富假期生活；在科技馆，孩子可以感受科学的魅力；在群艺馆，孩子可以讲故事、画画、练舞蹈等，拓展艺术才能。

以参观博物馆为例，首先要注意参观时间。一般博物馆每周都有一天闭馆休息，各家博物馆早晚开闭馆的时间也不相同，在参观前记得查看博物馆官网了解开放时间。其次是参观着装。建议着深色系衣服，因为白色等浅色系会倒映在展览柜的玻璃上，不利于观看藏品。夏季博物馆中冷气较强，记得备件外套或者披肩。另外，博物馆不是每个都值得逛，要根据孩子的年龄、受教育程度以及理解能力，选择相应的博物馆类型。尽量选择参与性和互动性强的博物馆，提高孩子的参与感。还要注意参观的时间不要过长，最好在一个半至两个小时之间，超过两个小时容易让孩子感觉疲劳。参观

之前，可以陪同孩子看一部博物馆电影或是给孩子读一段博物馆书籍，以启发孩子的兴趣。

（4）在旅行中带孩子看更大的世界

知乎上有一个“你认为是否应该带孩子去旅行”的热门问答，有个点赞率特别高的回答说：“你信不信，对于一个内陆长大的孩子而言，看一次海的愿望比什么都强烈；对于一个南方长大的孩子而言，看一次雪才是他/她的梦想。”的确，旅行的意义，就是带着孩子去看更大的世界。而看更大的世界，不仅是为了让他得到新知识，更是为了让孩子发现自己还有更多的东西不懂。眼界越开阔，越能发现有趣的新事物；见识越广博，越能体会到自己的渺小和局限性。而新的发现，可以不断刺激孩子求知欲的“野蛮生长”。

如果条件允许，一定带孩子去旅行。不要说“孩子小，带他去旅行就是浪费时间，玩了也是白玩”，这世间没有白走的路，每一步都算数。旅行就是从面对未知，然后到有知，到知之。

13岁的浩博（化名）是个小小旅行家，去过很多很多的地方，学了不少知识，长了不少见识。有一年中秋节，浩博和爸爸一起去北京旅游，他们去颐和园，看到昆明湖。浩博跟爸爸解释昆明湖说，这个湖是个人工湖，虽然叫“昆明湖”，但跟昆明并没有关系。

这个湖的名字取自汉武帝在长安开凿昆明池操演水战的故事。爬万寿山，见到松柏和松鼠，浩博跟爸爸讲他在东北老家，跟奶奶上山挖蘑菇、采摘野生的木耳、捡松子的故事。去佛香阁，浩博跟爸爸说，昆明的金殿，是李自成的故居，每天香火旺盛……孩子丰富的阅历，让爸爸这个成年人感觉，自己那点历史、地理、自然知识，被甩出了几条街。

事实证明：旅行在开阔孩子眼界的同时，也丰富了他们的大脑。想要亲子关系更密切，旅行是一个不错的选择。孩子在旅行途中，能跟父母做一些简单的互动，提高孩子生存能力的同时，也促进了亲子关系。《最好的教养在路上》一书的作者朴善娥说，自己与女儿小纯阳的每一次旅行都是一次历练，每一次历练都让心灵起航。旅行中，她们被欺骗，但这让孩子学会了宽容和理解；旅行让她们重新认识了彼此，唤醒了孩子内心深处的亲情；旅行让她们享受着来自陌生人的温暖与关爱，让孩子懂得了感恩……

和孩子一起旅行不一定要很远，也不一定非要去名胜古迹，在家门口的公园里，带着孩子去观察他没有注意到的事情，也会有意想不到的收获。演员李亚鹏曾在微博上发表过带女儿李嫣回农村游玩的照片。他写道："暑假来临，一路高铁回乡下祖宅小住几日，一个小院、一井清泉、一枕凉席、一顿饺子、一锅烩菜，田间转转、镇上逛逛、看看亲戚、见见故友，日月同辉、天地共存。”李亚鹏每年都要带着李嫣到十三陵水库，风雨无阻地坚持了7年。他们背着各种工具和厚厚的《本草纲目》，到一个固定的地方测试水温、空气湿，观察动植，采集标本……

旅行给人带来的好处可能需要几十年才能显现出来，尤其是在童年，记忆是非常深刻的。所谓“十年树木，百年树人”，童年旅行就是种下希望的种子，等上几十年，枝叶繁茂，收获丰硕成果。

（5）不要不耐烦，耐心回答孩子问的奇怪的问题

培养孩子的好奇心，你不得不每天回答几百个奇怪的问题，这就需要父母忍住心烦，耐心回答每一个让你感到无聊的小问题，不厌其烦地和他们一起寻找各种问题的答案。

如果遇到了自己一时回答不了的问题，千万不要不懂装懂，给孩子一个错误的答案。要老老实实地告诉孩子，“这个问题我过去没有注意到，现在还回答不了，要等我弄懂了才能告诉你”，或者和孩子一起去查书找答案。

孩子有时会问一些幼稚而有趣的问题，父母不能忽视或嘲笑他们。有时孩子会在不适当的时间和地点提出问题，父母应该悄悄地告诉他，而不是直接制止，更不要在别人面前责骂孩子。有时孩

子会问一些不合理甚至尴尬的问题，家长不应该抱怨，更不应该翻脸，甚至惩罚孩子。相反，应该认真对待这个错误的问题，引导孩子多提有价值的问题。

另外，父母不仅要耐心回答孩子提出的问题，还应该用开放式的问题来启发孩子。也就是说，回答孩子的问题要有启发性。“那是什么？”“它叫什么名字？”这样的问题，父母可以直接回答，但对于逻辑关系比较复杂的问题，家长要注意引导孩子思考，让孩子运用自己的知识和经验，通过观察和总结找出答案。

4岁的明宇（化名）看着天空中的满月问爸爸：“爸爸，月亮总是那么圆和明亮吗？”爸爸没有直接回答，而是说：“过几天你就会发现秘密，知道答案的。”几天后，在一个月明的夜晚，父子二人出来看月亮。明宇看到弯月就说：“爸爸，弯月好还是圆月好？你认为月亮还会变圆吗？”爸爸仍然没有直接回答，但答应过几天再和他一起看月亮。几天后，明宇又看到了圆月，高兴地喊道：“月亮会由圆变弯，由弯变圆，真有趣呀！”

这位爸爸的回答方式值得肯定。这样的回答，不仅满足了孩子的好奇心，而且让孩子通过自己的观察和思考，了解到“月有阴晴圆缺”的现象。

开放式的问题能让孩子拥有自己的思考和想法，也能让父母更加了解孩子的内心世界。当孩子开始一个劲地问“为什么”时，父母有时因为手头忙或不知道就搪塞孩子，随意给出一个答案。这样虽然暂时消停了，但也堵塞了孩子对未知的好奇。父母不妨多设置些问题，引导孩子一起探索。比如孩子问为什么水开了会冒白色的烟，父母就可以趁机问孩子水有没有其他形态呢？水从气态、液态到固态是怎么一回事呢？这个追寻问题的过程才真正的好玩。

（6）“像孩子一样”保持好奇心

保护孩子好奇心的最好方法就是父母永远保持好奇心。随着年龄的增长，作为成人的父母好奇心会减弱。为了保持那份好奇心，父母需要从孩子的视角看问题，像孩子那样对未知事物保持敏感。“像孩子一样”是保持好奇心的最好方法。

事实上，我们失去好奇心不是因为我们长大了，也不是因为我们看透了世界的真相，而是因为我们内心的恐惧使我们害怕有好奇心，害怕别人会嘲笑我们，害怕好奇心带来的未知，更害怕走出舒适区时会遭受挫折。

生活的重要真谛就是，接受你现在不能改变的，改变你能改变的。任何事情，如果你能换个心态，或多观察，再多看、多听、多走，就会发现生活中原来还有这么多美好的事情。你会发现自己每天都在变化，世界也在每天更新。因为重拾好奇心，每一天都是新鲜的，再微小的东西，你都会发现背后有很多事情值得你去探索，值得你去做，尽管每天所做的事情大同小异。

不管经历了多少事，我们都要保持一颗“像孩子一样”的好奇心！

（7）正确对待孩子因好奇而导致的破坏行为

由于孩子的好奇心和无知，他们的积极性往往导致一些破坏性行为的发生。对此，家长要正确对待，不要一味责骂和惩罚孩子，而是要耐心引导和教育孩子。例如，当孩子弄坏了一个玩具，父母不应该责骂或者说不再买它。相反，父母应该简单地告诉孩子玩具的构造原理和安装方法，然后和孩子一起修理玩具，并向孩子介绍玩具的正确使用方法，让孩子学会使用和珍惜。这样一来，不仅能鼓励和发展孩子的求知欲、探索精神，还能培养他爱惜玩具、爱动手的品质。

好奇心强烈的孩子不愿意接受自己已经明白的知识，喜欢接受新知识，破坏行为或许就是孩子想了解玩具里面的结构。父母应该理解孩子，正确对待这种破坏行为，帮助孩子接触更多新的、不同的刺激，培养他们灵活的思维，提高他们获取知识和解决问题的能力。

爱迪生小时候非常淘气，6岁时，为了观察大火燃烧的情况，满足自己“将会发生什么”的好奇心，竟点燃了父亲的木材仓库。他的母亲南希并没有因此而责怪或厌弃他，而是把爱迪生的好奇心引向发明创造的康庄大道，使他最终成为具有1091件注册专利的“发明大王”。如果爱迪生的母亲因为他的好奇心而导致的破坏性行为去责怪他，那么这将会大大抑制他的想象力和创造力，世界上也会少了许多爱迪生的发明。

（8）对于孩子的大胆探索，不要做负面评价

孩子在探索时，会整合信息，形成自己的判断。父母需要做的，就是给孩子提供新的信息点，让孩子注意到他未发现的或遗漏的地方。像有时孩子在外面玩，忽然兴冲冲地跑回来说：“妈妈，你看我捡到个什么？”妈妈一看，发现是一个又脏又破的橡皮筋。可是在孩子的眼里，这是个新奇的宝贝，拉一拉就会变长，手一放又缩回去，这种感官体验对孩子来说就是一个新的认知。如果妈妈只是嫌这橡皮筋太脏，让孩子赶快扔掉，那可能就错过了一次增加孩子想象力的机会。

当孩子大胆地探索后在许多方面失败时，父母不应该嘲笑或说

“告诉过你这是不会成功的”之类的话。这种泼冷水的行为会打击孩子探索的欲望和热情，他们会觉得父母看自己的笑话而不是支持自己，这会伤害孩子的自尊以及与父母的亲密感情。面对孩子探索的失败，父母应该以欣赏的态度对待孩子，多鼓励和表扬他们，给他们更多的心理力量。父母宽容理解的态度是对孩子最大的支持。

参考文献

[1] 杰克·韦尔奇.赢：韦尔奇一生的管理智慧[M].余江，译.北京：中信出版社，2005.

[2] 高取志津香.忍住！别插手！让孩子独立的自我管理课[M].李俊，译.北京：九州出版社，2018.

[3] 理查德·洛夫.林间最后的小孩[M].自然之友，译.长沙：湖南科学技术出版社，2010.

[4] 让·皮亚杰.儿童的道德判断[M].傅统先、陆有铨，译.济南：山东教育出版社，1984.

[5] 陆有铨.皮亚杰理论与道德教育[M].济南：山东教育出版社，1984.

[6] 徐玲.自己解决小麻烦[M].昆明：晨光出版社，2019.

[7] 沙拉.特别狠心特别爱：上海犹太母亲培养世界富豪的手记[M].北京：接力出版社，2010.

[8] 朴善娥.最好的教养在路上[M].北京：北京理工大学出版社，2012.

[9] 资料其他来源：百度、搜狗、腾讯、新浪等最新资讯。